"내 피로 세우는 새 언약이니"
(눅 22:20)

스펄전
vs.
하이퍼 칼빈주의

스펄전 vs. 하이퍼 칼빈주의
구원에 대한 하나님의 주권과 인간의 책임

초판 1쇄 인쇄 2025년 10월 25일
초판 1쇄 발행 2025년 10월 30일

지은이 | 이안 머레이
옮긴이 | 정대운, 김균필

발행인 | 정대운
발행처 | 도서출판 새언약
편집 및 교정 | 김균필
등 록 | 제 2021-000022호
주 소 | 경기도 고양시 덕양구 동세로 138 삼송제일교회 1층(원흥동)
전 화 | 031) 965-6385
이메일 | covenantbookss@naver.com

ISBN 979-11-995269-0-7 (03230)

디자인 | 참디자인

Spurgeon v. Hyper-Calvinism
The Battle for Gospel Preaching

구원에 대한 하나님의 주권과 인간의 책임

스펄전
vs.
하이퍼 칼빈주의

이안 머레이 지음 | 정대운·김균필 옮김

새언약
THE PURITAN HERITAGE

추천사

이안 머레이(Iaian H. Murray, 1931-)는 스코틀랜드의 교회사가
이자 전기 작가입니다. 그의 부지런한 연구에 토대를 둔 조나단
에드워즈 전기, 로이드 존스 전기, 아더 핑크 전기, J. C. 라일 전
기, 존 맥아더 전기 등은 국내에 번역되어 많은 독자들의 사랑을
받아왔고, 부흥에 관한 책들과 영국 복음주의 논쟁사도 번역되어
있습니다. 그는 1950년대에 로이드 존스 목사와 동사한 목회자일
뿐 아니라, 청교도 문헌들을 복간하고 새로이 보급하는 일을 위해
배너 오브 트루스사를 설립한 장본인이기도 합니다. 19세기 런
던의 설교자이자 설교의 황태자라 불리는 찰스 스펄전에 관해서
도 『잊혀진 스펄전』(The Forgotten Spurgeon)을 이미 출간한 바가 있으
나 국내에 소개되지는 못했습니다. 그런데 이번에 정대운 목사님
과 김균필 목사님에 의해서 『스펄전 vs. 하이퍼 칼빈주의』(Spurgeon
v. Hyper-Calvinism)가 번역·발간되는 것을 환영합니다. 이안 머레이
의 모든 저술들은 충분한 자료 연구에 바탕을 두었을 뿐 아니라,
필치가 따뜻하고 경건함을 함양해 주기 때문에 수많은 저술들이
국내에 더 소개되기를 소망해 왔습니다. 본서에서 이안 머레이는
1850년대 영국에서 일어난 스펄전과 하이퍼 칼빈주의의 논쟁을

역사적으로 정리해 주고 있는데, 그 기원, 논쟁 대상들, 논쟁 과정, 그리고 그 결과 등을 소개하고 있고, 나아가서 주요 자료들 역시도 소개합니다. 스펄전은 예수 그리스도의 복음에 대한 열정과 청교도와 개혁주의에 대한 깊은 지식을 가지고 설교를 하였을 뿐 아니라 아르미니우스주의와 하이퍼 칼빈주의자들에 대항하여 담대하게 바른 신앙을 변호하는 공적 생애를 살았고, 본서는 그 한 주요한 논쟁사를 잘 포착해서 우리에게 소개해 주고 있습니다. 단순히 진리나 교리에 대한 지식만 존재하고 하나님과 이웃에 대한 뜨거운 사랑을 잃어버린 율법폐기론적인 하이퍼 칼빈주의는 여전히 한국교회 안에도 존재하고 있기 때문에, 우리들은 본서를 통해 온고이지신(溫故而知新)의 교훈과 유익을 얻을 수 있게 되었습니다. 출판 경기가 부진하고 어려운 시대에도 헌신적인 성도들의 지지에 힘입어 청교도 개혁주의 문헌 출간에 박차를 가하고 있는 새언약, 삼송제일교회, 정대운 담임목사님, 그리고 편집자 김균필 목사님의 수고에 치하를 드리면서 모든 개혁주의 애독자에게 본서의 일독을 권하는 바입니다.

이상웅 교수 (총신대학교 신학대학원, 조직신학)

●

개혁신학의 정체성에 대한 다양한 도전이 일어나고 있기에 그 어느 때보다 바른 개혁신학이 가진 복음적 생명력이 절실히 요청되는 이 시기에 『스펄전 vs. 하이퍼 칼빈주의』가 번역 출간된 것은 매우 귀한 일이라 생각합니다. 19세기 영국 교회의 황금기를 대표했던 찰스 해든 스펄전(Charles Haddon Spurgeon)은 개혁신학의 기초 위에서 복음의 본질을 수호하면서도 그 복음을 모든 사람에게 선포해야 한다는 사명감으로 불타올랐던 인물이었습니다. 이와 같은 스펄전의 신학과 사상을 다룬 이안 머레이(Iain H. Murray)의 저서는, 스펄전이라는 한 인물에 대한 소개를 넘어, 참된 개혁신학과 복음 전도의 관계를 재조명하는 중요한 작품이라 할 수 있습니다.

이 책에서 논의되는 하이퍼 칼빈주의는 하나님의 주권을 강조하는 신학적 열심이 지나친 나머지 복음의 보편적 초청을 약화시키는 심각한 오류로 흐르게 되었던 사상입니다. 스펄전은 바로 이 지점에서, 성경적 개혁신학의 진수를 보여주었습니다. 그는 하나님의 주권적 은혜를 확신하면서도, 동시에 "누구든지 주의 이름을 부르는 자는 구원을 얻으리라"(롬 10:13)는 복음의 보편성을 믿고 죽은 자들의 영혼을 깨우는 일의 중요성을 알고 담대히 복음을 선포했습니다. 이 책은 스펄전의 균형 잡힌 신학을 통해, 교리가 전도와 분리될 수 없음을 다시금 일깨워 줍니다.

특히 전기 작가로서 이안 머레이가 가진 탁월한 통찰은 단순히 스펄전의 역사적 역할을 기록하는 데 머물지 않습니다. 그는 복음주의 전통 안에서 참된 개혁주의가 어떻게 왜곡될 수 있는지를 냉철히 분석하면서도 신학적 정통성과 실천적 복음주의의 일치를 회복할 길을 제시하고 있습니다. 오늘날 교회가 겪고 있는 위기는 단지 도덕적 타락이나 제도의 불완전함 때문이 아니라, 신자들이 성경 진리에 대한 무관심한 결과 교리와 복음적 열정이 분리된 데서 비롯된 것임을 잘 인식하고 그에 대한 해답으로 스펄전을 제시하는 것처럼 느껴집니다.

특히 스펄전은 청교도들의 신학과 신앙을 잘 계승한 19세기 인물이지만, 이 책이 한국 교회에 던지는 메시지가 과거에 대한 단순한 회고가 아니라, 오늘을 향한 경고이면서, 동시에 현대교회에 대한 안내라고 확신합니다. 놀라운 사실은 오래전에 스펄전이 씨름했던 문제는 여전히 진행 중이며, 그가 보여준 진리에 대한 사랑과 복음적 열정의 조화는, 우리 모두가 회복해야 할 신앙의 본질입니다. 학문적으로는 청교도 신학의 연속선상에서, 그리고 목회적으로는 복음 전도의 현장에서, 이 책은 그 두 영역을 잇는 귀한 다리 역할을 할 것입니다.

『스펄전 vs. 하이퍼 칼빈주의』가 오늘날 길을 잃어가고 있는 설교자들과 신학생들에게 신학적 분별력과 복음적 열정을 함께 일깨워 주기를 소망합니다. 이 책을 통해서 하나님의 절대적 주권과 인간의 책임이 얼마나 아름답게 조화를 이루고 있는지 발견하기를 바랍니다. 그리고 참된 개혁신학은 언제나 교리를 통해 복음을 드러내고, 복음을 통해 교리를 살아내는 신앙이라는 사실을 확신하게 되기를 기도합니다. 이 책이 바로 그 길을 보여주는 탁월한 안내서가 되리라 믿습니다.

김효남 교수 (총신대학교 신학대학원, 역사신학)

신학(theologia)은 무한하신 하나님(theos)의 지식(logia)에 대해 탐구하는 학문이므로 그 성격 자체가 인간의 한계를 압도적으로 능가하는 성격을 가지고 있습니다. 그러므로 신학은 어떤 주제라도 늘 '논쟁' 가운데 위치할 수밖에 없습니다. 유한한 인간들이 무한한 하나님을 연구하다 보니 서로 다른 시각과 관점으로 하나님을 바라볼 수밖에 없었고, 그 결과 수많은 신학 논쟁이 창출될 수밖에 없었습니다. 그중에서도 대표적인 논쟁이 바로 '하나님의 절대 주권'과 '인간의 책임과 역할' 사이의 관계성에 대한 문제입니다.

하나님의 절대 주권과 인간의 책임과 역할 사이의 관계성 정립은 매우 어려운 신학 주제이기 때문에 교회 역사 속에서 극단적인 주장들이 늘 난무하게 되었습니다. 4~5세기의 아우구스티누스와 펠라기우스 사이의 논쟁, 17세기의 칼빈주의와 항론파 사이의 논쟁 등이 바로 그 대표적인 예입니다. 이런 논쟁적 주장들을 최대한 단순화시키면 '아르미니우스주의'와 '하이퍼 칼빈주의'로 갈무리할 수 있습니다. 하나님의 절대 주권보다 인간의 역할을 더 강조하면 아르미니우스주의로 기울게 되고, 정반대로 인간의 역할보다 하나님의 절대 주권을 더 강조하면 하이퍼 칼빈주의로 기울게 됩니다.

『스펄전 vs. 하이퍼 칼빈주의』는 이런 논쟁을 구체적으로 조망하고, 엄밀하게 분석하며, 객관적으로 평가하고, 선명한 언어로 기술하고 있는 귀한 책입니다. 특히 '설교의 황태자'(the Prince of the

Preachers)라고 불렸던 찰스 스펄전(Charles H. Spurgeon, 1834~1892)의 빛 아래서 하이퍼 칼빈주의 신학의 신학적 맹점과 실천적 오용을 정확히 지적하고 있습니다.

The Banner of Truth Trust를 공동 창립했던 이 책의 저자 이언 머레이(Iain H. Murray)는 1부에서 찰스 스펄전을 개괄적으로 조망하고, 2부에서는 스펄전과 연관되었던 하이퍼 칼빈주의 논쟁을 구체적으로 다루고 있으며, 3부에서는 역사 신학적으로도 소중한 핵심 관련 자료들을 요목조목 소개하고 있습니다. 전반적으로 글의 논리적 구성 및 전개 흐름이 매우 설득력 있으며 신학적으로도 의미 충만합니다.

모든 인간은 죄인입니다. 죄인이라는 뜻은 나도 모르게 어느 한쪽으로 기울어 있다는 뜻이기도 합니다. 우리는 신학적으로 아르미니우스주의로 기울어 있거나, 혹은 반대로 하이퍼 칼빈주의로 기울어 있을 확률이 매우 지대합니다. 『스펄전 vs. 하이퍼 칼빈주의』는 본성적으로 어느 한쪽으로 기울어질 수밖에 없는 우리 모두의 신학적 상태를 객관적으로 가늠하게 만들어 줄 수 있는 '기준 잣대'와 같은 책입니다. 이제 남은 일은 이 책을 통해 '신학적 균형'을 바로 세우는 일입니다. 이 일은 매우 기쁘고, 매우 아름답고, 매우 즐거울 것입니다.

박재은 교수 (총신대학교 신학과, 조직신학)

이 책은 잘 알려지지 않은 스펄전과 하이퍼 칼빈주의와의 논쟁을 다루고 있다. 스펄전은 하이퍼 칼빈주의의 해악에 맞서, 복음은 단지 선택된 자들만을 위한 것이 아니라 모든 사람을 위한 것임을 자신의 설교 강단을 통해 보여주었다. 그는 하이퍼 칼빈주의자들처럼 회개한 자만을 복음으로 초청하는 것이 아니라, 모든 죄인을 향해 그리스도께로 나오라고 호소했다. 하나님의 절대적인 주권을 인정하면서도, 복음을 듣고 회개와 믿음으로 반응해야 하는 인간의 책임을 함께 강조했다. 하나님의 선택과 예정을 굳게 믿으면서도, 하나님은 모든 사람이 구원받기를 바라신다는 확신을 가지고, 그리스도의 사랑으로 잃어버린 영혼들을 향해 구원의 복음을 설교했다.

스펄전과 하이퍼 칼빈주의의 논쟁은 단지 지나간 과거처럼 보일 수 있다. 그러나 교리의 정통성을 외치면서 정작 복음 전도의 열정이 식어가고 있는 오늘날의 설교 강단에, 이 책은 너무나 시의적절하다. 청교도의 후예인 스펄전의 설교가 분명하게 보여주듯 복음 설교는 설교자의 인격적 관여 없이 단지 복음의 교리들을 냉랭하게 제시하는 것이 결코 아니다. 설교자는 잃어버린 영혼들을 향한 하나님의 뜨거운 사랑과 긍휼에 사로잡혀, 죄를 회개하고 그리스도께로 나올 것을 간절한 마음으로 설득하고, 권유하고, 초청해야 한다. 영혼 구원과 전도 설교의 열정을 회복하기를 원하는 모든 설교자들에게 이 책을 꼭 읽어보라고 권하고 싶다.

박동진 교수 (수도국제대학원대학교, 실천신학)

전기작가로 더 많이 알려진 이안 머레이 목사의 스펄전의 하이퍼 칼빈주의에 대한 입장을 글로 접할 수 있어서 참으로 유익하였다. 설교의 황태자로 알려진 스펄전이 신학적 논쟁에도 깊이 간여하며 개혁신학의 진수를 옹호하고 지켜냈다는 사실은 그렇게 크게 알려진 것이 아니었다. 나도 『잊혀진 스펄전』이라는 이안 머레이 목사의 책을 처음 접하면서(1980년대 유학생 시절) 스펄전의 진면목을 접하게 된 계기가 되었었는데, 이렇게 하이퍼 칼빈주의와의 논쟁에 대한 실제를 읽음으로 신학이 설교만이 아니라 목회사역에 얼마나 중대한 영향을 미치는지 다시 확인할 수 있어서 좋았다. 본 책은 논쟁점을 부각시키려는 것보다 하이퍼 칼빈주의의 오류를 파헤치는 것이지만, 스펄전이 간여한 논쟁적 설명을 대할 때 목사의 신학적 확신의 중요성을 더욱 강조하게 되는 것이다.

평소에 신학적 입장에 대한 철저한 견해를 표명함도 없고 아니 표명할 능력이 결여된 한국의 교회 강단을 개탄한 적이 한두번이 아니지만, 독자들이 본 책을 통해서 신학이 목회 사역 전반에 어떤 역할을 하는지를 깊이 성찰하고 목회를 재정립하는 자극제가 되기를 소망한다. 본 책은 얄팍하고 천박하기까지 한 탈신학적인 복음주의 진영의 일부 현상들이 보편적인 것으로 형성된 현 상황에 깊은 경종을 주기 충분한 책이다. 물론 교리에 충실한 사역이 목회의 전부는 아니지만 뿌리 혹은 기초석에 해당하는 신학적 기조의 불분명함은 사상누각에 불과한 교회를 만들 수밖에 없다.

옛날부터 목사의 자격으로 성경을 충분히 강론할 자질만이 아니라 교리적 입장을 성경을 근거로 충분히 변증하고 옹호할 기량까지 요구하였던 것은 지금도 여전히 유효한 명제이다. 그러나 현대성은 이 모든 것을 훼파하였고, 오로지 꿩 잡는 것에 매라는 희한한 논제가 위세를 떨치는 교회에서는 연출기획자, 엔터테이너로서의 재주를 사역자의 자질로 더 존중함에 따라 순수한 복음을 왜곡하고 변질시켰다. 본 책은 역사 속에서 그리고 우리 현실에서도 사탄의 치밀하고 어리석고 무서운 술수를 자각하는 계기가 될 것이다. 물론 저자의 글에서 영혼 구령과 교리적 부흥 중 어느 한쪽에만 일방적인 강조점을 둬서는 안 된다는 말에 동의하지만, 영혼을 구원하는 일에 교리적 가르침이 배어있지 않을 수 없다는 것도 잊어서는 안 된다. 예수님의 천국 복음은 부정할 수 없는 교리적 총람이 그 원동력이었다.

한국인 신자들의 특성 중 하나가 위대한 인물들의 전기를 소홀히 한다는 것이다. 교회가 성공지상주의에 몰입해서인지 몰라도, 역사의 주인이신 하나님이 역사 속에서 사용하신 위대한 일꾼들에 대한 일생을 읽는 것은 현대를 살아가는 신자에게도 크나큰 감동을 주기에 충분하다. 그런 차원에서 저자의, 장황하지는 않지만 스펄전 목사에 대한 이해를 돕는 소개는 책의 내용을 더 탐독해야할 이유를 충분히 제시한다. 그것은 설교자로서의 스펄전만이 아니라 진리에 깊이 뿌리를 내리게 하고 그리스도의 장성한 분량에 이르도록 성장시키고자 하는 목회자로서의 실체와 신학자적 자질의 충분함을 엿보게 할 수 있다.

더욱이 설교자는 예언자의 성향이 요구된다. 시대를 분석하여 밀려오는 파도를 극복할 방안을 제시하는 능력이다. 해 아래 새 것이 없다는 말씀처럼 스펄전에 대한 글을 접할 때마다 스펄전이 겪은 시대적 아픔과 20세기 교회가 직면한 상황은 21세기 교회가 처한 현실을 그대로 예견한 것과 같은 느낌을 지울 수 없다. '말씀의 인도를 받지 못하는 자들이 선지자를 자처한다'는 그의 지적은 종교개혁자 존 녹스가 '말씀을 선포할 줄 모르는 자를 강단에 세우는 것은 우상을 세우는 것과 같다'는 선언과 일맥상통하는 주장이다. 지금의 무너진 교회의 보편적 특성은 강단의 타락이다. 더 이상 진리가 설 곳이 없어진 강단이다. '천국으로 향하는 오류없는 신호등'인 진리를 위한 스펄전의 천둥소리를 들으며 무너진 강단의 회복을 꿈꾸는 것이 환상에 머무는 것이 아니게 되기를 간절히 기도한다. '성도를 위한 복음이 아니라 죄인을 위한 복음 선포'에 심혈을 기울이는 사역자들이 들풀처럼 솟아나기를 기도한다. 죄인을 초청하는 복음 선포, 오로지 기록된 말씀과 약속만이 믿음의 참 근거임과 불신앙의 모든 책임은 전적으로 인간에게 있으며 하나님의 사랑은 모든 사람이 구원받기를 원하신다는 순수한 하나님의 뜻을 온전히 선포하는 일들이 한국의 교회 강단을 풍성히 채워가기를 기도하면서 본 책을 적극 추천한다.

서창원 교수 (전 총신대학교 신학대학원, 역사신학)

먼저 이 책이 우리 한국어로 번역되게 하시어 설교자들과 뜻있는 하나님의 사람들에게 읽히게 하시고 그런 과정을 통하여 은혜를 베푸시어 주님의 교회를 견고하게 세우실 하나님 아버지께 모든 영광을 돌리는 바입니다.

본 추천인은 이 책의 저자 이안 머레이와 교분이 있습니다. 그가 쓴 로이드 존스 목사의 전기 『로이드 존스 목사의 초기 40년』을 번역하여 책을 통하여 이분을 알게 되었습니다. 그 후 이분과 개인적인 교분도 가졌습니다. 이분이 개혁주의 설교연구원 세미나 강사로 세 차례 한국에 온 것으로 본인은 기억하고 있습니다. 그리고 두 번에 걸쳐 본인이 담임목사로 섬기던 중심교회 강단에 이분을 모시고 말씀을 들을 기회가 있었습니다.

정말 이안 머레이 목사는 로이드 존스 목사의 영적 동역자면서 후계자라 하기에 손색이 없는 분입니다. 이분은 로이드 존스 목사가 웨스트민스터 채플의 담임목사로 섬기던 어느 시기에 부목사로 섬긴 것으로 알려집니다. 그리고 로이드 존스 목사가 Banner of Truth Trust 출판사를 세워 개혁주의 신학과 신앙의 진작을 위하여 문서선교의 대장정을 시작할 때 함께 하였고, 로이드 존스의 '로마서 강해 14권 전권'을 내는 일에서 주도적인 역할을 하였습니다. 그 책은 20세기 그리스도의 교회를 사도적 복음과 신앙고백의 반석 위에 견고하게 세우는 지주 역할을 하는 데 주님께 크게 쓰임을 받았습니다. 지금도, 아니 앞으로도, 더 나아가 우리 주님께서 다시 오실 때까지 로마서 강해의 고전으로 주님의 손에서 크게 쓰임을 받을 것입니다. 주님의 은혜로 로이드 존스 목사의 '로마서 강해 14권 전권'을 번역할 수 있는 영광을 누린 것이 본 추천인의 큰 복입니다.

이안 머레이 목사는 주님 안에서 로이드 존스와 동일한 영적 특성을 견지하면서 개혁주의 정신으로 16세기 칼빈 이후 17세기의 청교도 설교들과 18세기의 조지 휫필드(George Whitefield)와 조나단 에드워즈(Jonathan Edwards)와 19세기 찰스 스펄전(Charles Spurgeon)을 통하여 증거된 사도의 복음의 은혜와 능력을 문서로 보전하고 전파하는 데 최선을 기울인 사람입니다. 이분은 흔히 말하는 '학문적 외적 스펙'이 화려하지는 않습니다. 그는 목사이지 박사는 아닙니다. 그러나 그의 글이 가지고 있는 논리력과 설득력은 정말 대단합니다. 그러면서도 그의 글은 로이드 존스 목사의 설교에서 늘 느끼는 '성경이 말하는 사도적 복음'의 권위와 능력에 대한 확신과 뜨거움으로 불타 있습니다.

그가 이 책의 머리 부분에서 밝히듯이, 그가 젊을 때부터 스펄전 목사의 설교전집을 탐독하고 거기서 누린 은혜는 그의 생애의 방향을 바꾸는 큰일이었습니다. 그러므로 이런 책을 쓰기에 가장 합당한 작가임에 분명합니다.

우리는 이 책을 통하여 대 설교자 스펄전 목사의 목양과 설교 사역의 중심을 발견하게 됩니다. 스펄전 목사는 '열정적인 칼빈주의자'였음에 분명합니다. 그 말은 무엇을 의미합니까? 그가 성경에 나타난 대로 하나님의 택하신 백성을 구원하시는 구속사적인 줄기에서 드러나는 '하나님의 주권과 은혜'의 샘, 곧 이사야 12장에서 말한 '그리스도 안에 있는 구원의 우물들에서 길어 마시고 그 생수를 퍼올려 강단'으로 가져가서 거기서 사모하는 영혼들에게 마시게 한 참 설교자였다는 말입니다. 그래서 본 추천인은 스펄전 설교 175편을 직접 번역한 증인으로서 젊은 설교자들에게 늘 권고합니다. "칼빈의 설교와 로이드 존스 목사님의 설교와 청교도 설교자들의 설교, 그리고 조나단 에드워즈와 휫필드와 스펄전 목사의 설교를 물 마시듯이 마시라." 교회사에 빛나는 이 설교자들의 설교는 그들의 말이 아니었습니다. 그 시대 속에서, 아니 그 이후 모든 시대 사람들이 들어야 할 성령의 음성입니다. 성령께서 성경으로 말씀하신 것들이라는 말입니다. 그러니 오늘날도 말씀 소명자는 그런 책을 읽어야 '성령께 감동된 설교자와 설교'를 만나게 되는 것이라고 본 추천인은 확신합니다.

그런데 스펄전 목사는 '칼빈주의' 설교자로 강단에 서서 외칠 때마다 '유사 복음'의 두 가지 형태를 회중에게 크게 경계하였습니다. 하나는 '알미니안적이고 현대주의의 옷을 입은 율법주의'요, 다른 하나는 '칼빈주의를 가장한 극단적 방종주의'였습니다. 전자는 '인간의 자유의지와 책임'을 강조하는 교훈 형식이고, 후자는 '하나님의 주권과 은혜에 강조점을 두고 무책임한 방종'을 옹호하는 논리입니다. 이안 머레이는 이 둘을 경계하며 사도의 복음의 정로로 인도하려고 항상 사력을 다하던 스펄전의 설교와 목양을 이 책에서 조명하고 있습니다.

그 책의 가치는 '시사성을 가지고 책을 저작할 당시에만 반짝하는 데 있지' 않습니다. 도리어 참된 책의 가치는 시대나 지역에 관계없이 '진리를 추구하는 이들에게 바른 정로를 제시하는 데' 있습니다. 이안 머레이의 이 책은 우리 육체의 본성 안에서 늘 일어나려고 기를 쓰는 옛 사람의 논리를 어떻게 그리스도의 복음의 진리와 은혜로 박살내어 제압할 수 있는지를 가르쳐 줍니다.

이 책을 번역하는 일에 시간을 내며 연구하여 헌신한 정대운, 김균필 두 분의 노고를 치하하는 바입니다. 이 책을 정성들여 기도하면서 읽는 자는 분명 '좌로나 우로 치우치지 않고 복음의 정로를 견지하는 지침'을 가지게 될 것입니다. 이런 책을 내기 위하여 기도하며 헌신하는 삼송제일교회와 새언약 출판사에 주님께서 크게 은혜 주실 것을 믿어 의심치 않습니다. 감사합니다.

서문 강 목사 (중심교회 원로목사)

●

한국교회에 귀중한 책이 출판된 것이 감사하다. 이 놀라운 책은 '설교의 황제'로 알려진 찰스 스펄전(Charles H. Spurgeon)이 가진 깊은 신학적 사유와 확고한 신앙적 원리를 보여준다. 스펄전은 단순히 탁월한 설교자가 아니라, 하나님 중심적 복음의 진리를 지키기 위해 하이퍼 칼빈주의와 치열하게 싸우는 신학자의 모습으로

이 책에 등장한다. 스펄전은 하이퍼 칼빈주의가 성경의 균형을 무너뜨리고, 복음의 생명력을 약화시킨다고 보았다. 그는 하나님의 절대주권을 온전히 믿으면서도, 복음의 보편적 초청과 인간의 책임을 함께 균형 있게 강조한다. 스펄전의 비판은 단순한 감정적 반응이 아니라, 철저히 성경적이고 신학적으로 정밀한 논증 위에 서 있다. 그의 논리는 깊고 명료하며, 진리를 사랑하는 영혼에게 신선한 통찰을 준다. 무엇보다도 이 책은 오늘의 교회가 잃어버린 영혼 구원과 선교의 열정을 다시 일깨운다. 스펄전이 선포하는 복음의 능력과 그리스도의 초청은 지금도 이 시대를 향해 울려 퍼지고 있다. 끝으로, 이 책의 세밀하고 정성스러운 번역은 스펄전의 사상과 어조를 생생하게 전달하여, 독자가 원문의 감동과 논리의 힘을 그대로 느낄 수 있게 한다. 학문적 정밀함과 영적 울림이 함께 깃든 이 책은 모든 목회자와 신학도, 그리고 성경과 신학을 진지하게 고민하는 모든 사람에게 깊은 유익을 주는 귀한 작품이다. 이 책을 지금 사라. 우리가 몰랐던 새로운 스펄전을 기쁨과 감동 속에 만날 것이다.

권호 교수 (합동신학대학원대학교, 설교학)

인용 서적 약어

NPSP, New Park Street Pulpit (London: Passmore and Alabaster)
MTP, Metropolitan Tabernacle Pulpit (London: Passmore and Alabaster)
ST, The Sword and the Trowel (London: Passmore and Alabaster)

머리글

거의 30년이 지난 지금에 와서 이 책을 통해 다시금 스펄전에 관해 좀 더 말할 기회를 갖게 되어 참으로 기쁘다. 나는 1961년 11월에 셰필드에서 스펄전에 관한 강연을 해달라는 요청을 받았다. 그 강연이 계기가 되어 "진리의 깃발" 출판사를 통해 몇 편의 논문이 발표되었고, 마침내 1966년에 『잊혀진 스펄전(*The Forgotten Spurgeon*)』이라는 책이 출판되었다. 이 책이 세상에 나오게 된 방식도 그와 비슷했다. 나는 1995년 5월에 런던에서 개최된 "그레이스 침례교 대회(Grace Baptist Assembly)"에 초청되어 "스펄전과 하이퍼 칼빈주의의 싸움"이라는 제목으로 강연을 했다. 그 강연을 준비하는 과정에서 한 번의 강연으로 끝나는 것보다는 책을 펴내는 것이 좀 더 유익한 자료를 제공할 수 있을 것 같은 생각이 문득 떠올랐다. 이 책이 바로 그 결과물이다.

이 두 권의 책은 아무런 관계가 없는 것은 아니지만, 서로 다른 두 종류의 논쟁을 다룬다. 아르미니우스주의(『잊혀진 스펄전』의 주제)는 구원과 관련된 하나님의 주권에 관한 성경의 가르침을 무시한다. 모든 사람이 똑같이 죄 가운데서 정죄를 받은 상태이고, 구원받을 자격이 있는 사람이 아무도 없는데도 하나님은 자기의 은혜를 찬미하게 할 의도로 모든 사람이 아닌 일부 사람만을 구원하기로 결정하셨다. "영생을 주시기로 작정된 자는 다 믿더라"(행 13:48)라는 말씀대로, 성경의 증언은 분명하고, 확실하다. 그렇다면, 아르미니우스주의를 거부한다는 것은 곧 하나님이 모든 사람을 사랑하지 않으신다는 의미일까? 그리스도를 모든 사람에게 믿으라고 권유할 수 있는 구원자로 선포하는 것이 온당하지 않다는 뜻일까? 은혜의 특수성은 보편적인 권유, 즉 '모든 피조물'을 위한 복음이 성립할 수 없다는 말일까? 하이퍼 칼빈주의자들은 이런 질문들에 대해 '그렇다'라고 대답함으로써 복음 전파에 심각한 장애를 초래한다.

스펄선이 비교적 젊은 나이에 아르미니우스주의를 논박하고, 하이퍼 칼빈주의를 강력하게 거부할 수 있었다는 사실은 참으로 감사한 일이 아닐 수 없다. 1855년부터 스펄전을 알았던 로버트 쉰들러는 "스펄전은 하나님의 주권과 관련된 진리들을 굳게 견지했고, 그것들을 굳세고, 담대하게 전했지만, 모든 사람이 들을 수 있도록 복음을 널리 전파해야 한다는 또 다른 측면을 항상 잊지 않았다."라고 말했다.[1] 1850년부터 침례교 목사로 활동해온 쉰들러는 교회 월간지 『검과 흙손(Sword and the Trowel)』에 게재된 중요한 논평을 통해 1850년대 중반부터 이루어진 복음적 칼빈주의에 대한 스펄전의 입장이 어떤 영향을 미쳤는지를 자신이 지켜본 그대로 진술했다. 당시에 쉰들러가 목회하던 교회도 스펄전이 "뉴파크 스트리트 교회"의 목사로 부임하기 전까지는 하이퍼 칼빈주의를 추종하던 상태였다.

"그가 이웃 교회에서 말씀을 전하자 그의 설교가 유포되기 시작했다. 교인들을 데려가서 그의 설교를 듣게 하기도 하고, 그를 초청해 나를 대신해 설교하게 하기도 하자 우리 교회는 물론, 다른 교회들에도 강력한 영향이 미치게 되었다. 그 결과, 침례교 목회자들과 신자들 가운데 많은 사람이 '모든 죄인

---

1   R. Shindler, From the Usher's Desk to the Tabernacle Pulpit, The Life and Labours of Pastor C. H. Spurgeon (London: Passmore and Alabaster, 1892), p. 36.

을 향한 복음의 부름'을 복음의 필수 요소 가운데 하나로 인정하기에 이르렀고, 설혹 그것을 인정하지는 않더라도 어느 정도 용인하는 사람들이 많아졌다.

스펄전의 사역 가운데 그 부분은 그의 전기 작가들에게 거의 아무런 주목을 받지 못했지만, 그것은 너무나도 중요한 일이었을 뿐 아니라 말로 다할 수 없는 축복의 수단이었다. 나는 그가 우리 교회에서 전했던 첫 번째 설교를 뚜렷하게 기억한다. 그 설교의 성경 본문은 '아버지께서 내게 주시는 자는 다 내게로 올 것이요 내게 오는 자는 내가 결코 내쫓지 아니하리라'(요 6:37)라는 말씀이었다. 처음에는 로마서 8장의 복된 선언으로 시작해서 그것으로 끝나는 신학 사상을 지닌 많은 사람의 얼굴에 미소가 감돌았다. 그러나 그가 성경 본문의 후반부를 다루자 분위기가 삽시간에 바뀌었다. 달콤한 꿀이 쓰디쓴 쓸개즙으로 바뀌고, 미소가 사라지고 얼굴이 찌푸려졌다.

그 이후에도 우리의 사랑스러운 형제이자 지도자인 그의 증언은 근본적으로는 예전과 똑같았지만, 목표가 크게 달라진 점이 확연하게 드러났다. 즉 그것은 복음 선포의 범위를 넓히는 것이 아닌 복음 자체가 그의 교단과 다른 교단들의 강단에서 온전히 유지되게 하는 것이었다."[2]

쉰들러는 1850년대와 1880년대에 불거진 "하향 논쟁(Down
-Grade controversy, 자유주의 신학이 교회를 쇠퇴의 길로 몰아넣고 있
다고 지적했던 논쟁. 이 논쟁은 스펄전의 침례교단 탈퇴로 이어졌다/역
자주)" 사이에 시대적 상황이 어떻게 변했는지를 언급했다. 그
가 언급한 내용은 위험이 항상 같은 곳에서 오는 것은 아니라
는 점을 상기시켜준다. 한 청교도는 "마귀는 오류의 바람이 오
랫동안 같은 방향으로 불도록 놔두지 않는다."라고 말했다.
1960년대만 해도 값없는 은혜를 믿었던 종교개혁자들과 청교
도의 신념을 스펄전이 충실하게 증언해준 덕분에 우리 시대의
얄팍한 비교리적인 복음주의의 오류를 깨우칠 수 있게 되었다
고 믿는 사람들이 많았다. 스펄전을 중요하게 여긴 이유는 바
로 그것 때문이었다. 30년이 지난 지금, 그의 증언은 여전히
적절하지만, 교리적인 기독교 신앙의 회복이 오늘날 우리에게
가장 필요한 것은 아니라는 점은 분명하다. 세계 곳곳의 많은
교회 안에서 칼빈주의 신앙이 새롭게 부활하고 있고, 그에 대
한 지식이 크게 증대되고 있다. '잊혀진'이라는 용어를 스펄전

---

2   "Mr Spurgeon's Early and later Ministry," ST, 1892, p. 4.

에게 적용해야 할 필요성이 40년 전보다 현저하게 줄어든 것은 참으로 다행스러운 일이 아닐 수 없다. 그러나 이제는 스펄전이 강조했던 또 다른 문제를 훨씬 더 깊이 인지해야 할 때가 되었는지도 모른다.

하이퍼 칼빈주의가 활력을 되찾는 중이라는 것을 보여주는 증거가 분명하게 눈에 띄는 것은 아니지만, 스펄전이 영혼 구원에 중점을 두었던 것과는 달리 우리는 그것에 그다지 큰 관심을 기울이지 않는 것처럼 보인다. 지금까지 복음 전도의 부흥보다는 교리의 부흥에 더 골몰한 적이 너무나도 많았다. 비록 하이퍼 칼빈주의 사상은 받아들이지 않더라도 그리스도와 사람들의 영혼을 향한 열정을 우선시하는 성경의 가르침보다 교리의 일관성을 추구하는 것을 더 중요하게 생각하는 위험성을 충분히 경계하지 않는 일이 얼마든지 있을 수 있다. 유용성이 없는 교리는 무가치하다. 스펄전은 "우리는 우리만큼 지식이 없는 사람들을 경멸하며 업신여기지만, 오히려 그런 사람들이 우리보다 두 배는 더 경건할 수 있고, 하나님을 더욱 충실하게 섬길 수 있다."라고 말했다.[3]

---

3   MTP, vol, p. 34.

하이퍼 칼빈주의의 위험성은 그것이 믿는 내용이 아니라 그 믿음이 충분하지 않다는 사실에 있다. 스펄전은 1850년대의 논쟁을 통해 그 점을 부각함으로써 중요한 증언을 남겼고, 그의 증언은 지금도 그 당시만큼 '큰 중요성'을 지닌다.

이 책의 주제와 관련해 내가 알고 있는 단 한 가지 사실은 스펄전의 후기 사상이 그의 초기 사상과 다르다는 것이다. 그는 다른 그리스도인들을 '하이퍼 칼빈주의자'나 '아르미니우스주의자'로 일컫는 습관을 거의 다 버렸다. 그런 용어들은 경멸적인 의미로 사용할 의도가 없더라도, 일단 논쟁이 벌어진 상황에서는 즉각 그런 뉘앙스를 풍기기 시작해 동료 그리스도인들을 배척하는 결과를 초래할 수 있다. 스펄전은 신앙 인격이 더 성숙해지자 '낙인'과도 같은 용어들을 사용하는 것을 자제했다. 그 이유는 그런 오류에 대한 그의 생각이 바뀌었기 때문이 아니라 다른 사람들을 돕는 가장 좋은 방법이 성경을 가르치는 것이었기 때문이다. 다른 사람들을 사랑하지 않고, 진리만을 사랑하는 것으로는 하나님을 조금도 영화롭게 할 수 없다. 사랑은 우리가 사용하거나 사용하기를 거부하는 용어들을 통해 표현될 수 있다. 그러나 하이퍼 칼빈주의로 일컬어야 할 사상 체계가 엄연히 존재할 뿐 아니라 때로는 논지를 분명하게 할 필요가 있기 때문에 그 용어를 종종 불가피하게 사용할 수밖에 없다는 점을 미리 일러두고 싶다.

나는 오랜 세월 동안 다양한 방식으로 다음 몇몇 사람에게 많은 신세를 졌다. 이 자리를 빌려 이 책에 실린 도표를 친절하게 제공해 주고, 많은 조언을 아끼지 않은 로버트 올리버와 스펄전에 관해 커티스 부인이 쓴 잘 알려지지 않은 짧은 글을 상기시켜준 대프니 피어스를 비롯해 친절하게 교정을 봐 준 엘리자베스 새서우드와 존 드위트, 자료로 도움을 준 런던의 '복음 도서관(Evangelical Library)'과 잭 휴스턴, 이 책이 실제로 출간되기까지 모든 열정을 아낌없이 기울여준 도린 애덤스에게 심심한 사의를 표한다. 아울러, 나의 아내에게도 고마움을 전하고 싶다. 아내가 없었으면 이 책은 물론, 다른 많은 일도 결코 이루어질 수 없었을 것이다.

나는 젊었을 때 스펄전의 설교집(Metropolitan Tabernacle Pulpit)을 소장한 것과 그것들을 읽을 마음을 갖게 된 것을 내 인생의 가장 큰 축복 가운데 하나로 생각한다. 바라건대, 오늘날의 많은 젊은 사역자들이 스펄전의 글을 일평생 읽는 습관을 기를 수 있기를 기도해 마지않는다. 한 목회자의 아내는 최근에 내게 "저희 부부의 신혼여행 이후로 스펄전 목사님이 줄곧 우리와 함께하셨어요."라고 말했다. 그런 행복한 가족들의 숫자가 더 많아지기를 간절히 바란다.

1995년 8월, 이안 머레이

차례

1부   스펄전 소개

2부 하이퍼 칼빈주의 논쟁

3부 증거 자료

1부
스펄전 소개

"내 연구의 등불"-C. H. 스펄전, 1856.

"그 빛은 예전처럼 밝다."-1861.

"오, 내 눈이 좀 더 열렸으면 좋으련만!"-1864.

"지쳐 산산이 부서졌다가 1870년에 다시 회복되다. 등이 고쳐졌고, 그 빛은 예전처럼 내 눈을 즐겁게 한다."

(스펄전의 성경책에 적힌 글들)

"우리는 말씀의 능력과 지속적인 새로움에 더욱더 놀란다. 맑게 흐르는 성경의 시냇물이 '사람들은 왔다가 가지만, 나는 영원히 지속된다.'라고 노래한다. 물이 가득한 하나님의 강물, 곧 항상 살아 있고, 항상 신선하고, 항상 새롭고, 항상 풍요롭고, 항상 생명을 주는 강물이 수천 년 전과 똑같이 하늘의 햇빛에 밝게 반짝인다. 그것은 처음에 하나님의 도성을 기쁘게 했을 때와 같이 지금도 여전히 거룩한 위로의 홍수로 가득 차 있다."

(MTP, vol. 10, p. v.)

"위대한 사상가보다는 위대한 신자, 곧 믿음에 어린아이처럼 되는 것이 우리의 야망이다...주님은 말씀하신 것을 능히 이루실 수 있다. 그분의 말씀은 무엇 하나도 헛되이 땅에 떨어지지 않는다."

(MTP, vol. 36, p. 304.)

1.
하나님의 말씀을 증거하는 삶

    스펄전은 "여호와의 말씀으로 인해 떠는 자"라는 제목의 설교에서 자기가 말하려는 요지를 분명하게 밝히기 위해 유명한 프랑스 설교가 장 밥티스트 마시용의 삶 속에서 일어났던 일을 예로 들었다. 어느 날 마시용이 설교를 마치고 나자 청중 가운데 한 사람이 "참으로 감동적인 설교로구나! 너무나도 훌륭한 설교였어!"라며 탄성을 터뜨렸다. 누군가가 그 말을 마시용에게 전하자 그는 "그렇다면 그 사람은 나를 잘 이해하지 못한 것이요. 또 한 편의 설교가 무용지물이 되었소이다."라고 대답했다. 우리는 스펄전에 대해서도 그와 똑같이 말할 수 있다. 단순히 스펄전을 칭찬하는 것으로 그친다면, 진정으로 중요한 무엇인가를 놓치는 셈이다. 오늘날 그를 기억해야 하는 가장 중요한 이유는 그런 단순한 이유를 훨씬 뛰어넘는다. 인생이 지극히 짧고, 수백 년의 세월이 찰나처럼 지나간 것을 생각하면, 가장 위대한 인간조차도 한갓 그림자에 불과할 따름이다. 스펄전은 "우리의 인생은 우리가 살아가는 이 거대한 시간의 흐름 속에서 단 몇 초에 지나지 않으며, 그 거대한 시간도 영원히 지속되는 시간에 비하면 일순간에 지나지 않는다."라고 말했다.[1] 윈스턴 처칠도 "우리는 한밤중에 세계 지도 위에 붙어 있는 작은 먼지 조각들에 지나지 않는다."라고 말한 바 있다.[2] 어떤 사람의 중요성을 결정하는 궁극적인 요인은 하나님과의 관계와 장차 예수 그리스도의 심판대 앞에 서게 될 때의 모습이다. 우리가 죽은 자들에 관해 말한다는 것은 어떤 점에서 그런 심판을 미리 앞당기는 것이다. 그러므로 만일 우리가 모든 사람의 말과 행위를 평가할 기준을 이미 알고 있지 않다면, 그것은 지극히 부적절한 일이 되고 말 것이다. 그리스도께서는 "내가 한 그 말이 마지막 날에 그를 심판하리라"(요 12:48)라고 말씀하셨다. 따라서 찰스 해든 스펄전과 성경의 관계가 곧 이 책의 출발점이다.

---

1 MTP, vol. 60, pp. 547-8.
2 Martin Gilbert, Road to Victory: Winston S. Churchill, 1941-45 (London: William Heinemann), p. 581.

성경과 인간의 지식

성경을 우리의 출발점으로 삼는 것은 우리가 사는 시대에 더욱 중요한 의미를 지닌다. 오늘날 종교는 혼란과 불확실성의 장이 되어 버렸다. 교회와 교단들은 확실한 방향 감각을 잃어버렸다고 종종 평가된다. 그것들이 국가 내에서 한때 행사했던 영향력이 크게 줄어들었고, 그것을 다시 회복할 방법을 알고 있는 사람은 아무도 없는 듯하다. 몇 년 전에 『더 타임스』의 종교 담당 기자가 쓴 기사는 "모든 교회 내에서 발견되는 혼란스러운 지도력과 목적의 불확실성"으로 인해 이런 상황이 초래되었다고 지적했다.[3] 스펄전은 100년 전에 죽었지만, 그는 우리의 현재 상황을 이미 예상했던 것으로 보인다. 그는 여러 세대 이후에 느끼게 될 그런 근본적인 상황의 변화가 20세기를 눈앞에 둔 자기 시대의 교회 안에서 일어나고 있다고 생각했다. 빅토리아 시대의 교회 지도자들 사이에서는 개신교가 20세기에 "완성에 도달할 것"이라는 견해가 만연했다. 그러나 스펄전의 생각은 정반대였다. 그는 예레미야 선지자와 같은 심정을 느끼며 당시의 종교인들이 내뱉는 약속들이 거짓이라고 경고했다. "불신앙과 광신주의가 혼합된 시대가 이제 막 시

---

3   "The Decade of Evangelism was never going to work," The Times, 18 January 1992.

작되었을 뿐이다. 폭풍우가 다가오고 있다. 말씀의 인도를 받지 못하는 이들이 선지자를 자처하고 있다."라는 말에서 알 수 있는 대로, 그는 암울한 시대가 도래할 것을 예견했다.[4]

위의 인용문에서 당시의 많은 종교인과 스펄전의 근본적인 차이를 알 수 있다. 빅토리아 시대의 기독교는 인간의 능력을 신뢰하고, 인간의 지식을 의지하려는 옛 유혹에 넘어갔다. 그 시대는 지식이 크게 증대했던 시기였던 것은 분명하다. 과학의 영역에서 놀라운 속도로 새로운 발견들이 이루어졌다. 등잔불과 마차로 시작했던 시대가 전기와 기차를 발명하기에 이르렀다. 심지어 성경도 새로운 지식의 폭발적인 증대로 인해 영향을 받을 수밖에 없다는 주장이 설득력 있게 들렸다. 교육받은 사람들은 모든 것에 관해 권위가 있는 한 권의 책이라는 개념을 더는 받아들일 수 없다고 생각했고, 기독교 지도자들은 대부분 좀 더 방어하기 쉬운 입장(성경이 부분적으로 영감되었다는 견해)을 취했다. 모든 교단이 조용히 그런 새로운 성경관을 용인했다. 그와 동시에 기독교는 성경책이 아닌 그리스도를 믿기 때문에 그런 변화가 성경의 근본적인 메시지에는 아

---

4   MTP, vol. 29, p. 214.

무런 영향도 미치지 못할 것이라는 주장이 제기되기도 했다. 그것은 성경에 관한 이론이나 논증이 아닌 그리스도에 대한 생생한 체험이 더 중요하다는 주장이었다. 그런 주장들이 '현대 사상'을 자랑하는 자들과 복음주의자로 남기를 원하는 사람들 모두에게서 들려왔다. 후자는 복음적인 경험은 성경에 대한 인간의 견해에 아무런 영향도 받지 않는다고 강조했다.[5]

스펄전은 그런 견해들과는 달리 성경을 부분적으로 받아들이면 참된 기독교의 근간이 크게 훼손될 수밖에 없다고 주장했다. 그는 그 이유를 다음과 같이 밝혔다.

1) 새로운 견해를 용인하면, 인간과 성경의 관계가 완전히 바뀐다. 다시 말해, 새 견해는 인간을 성경 아래에 두지 않고, 받아들여야 할 것과 그렇지 않아야 할 것을 나누는 판단자로 만든다. "새 종교는 실질적으로 인간의 '생각'을 계시의 우위에 두고, 인간을 참된 것을 판단하는 최고의 재판관으로 세운다."[6]

---

5   다음 자료를 참조하라. G. F. Barbour, The Life of Alexander Whyte (London: Hodder & Stoughton, 1923), p. 217. E. J. Poole-Connor (London: Fellowship of Independent Evangelical Churches, 1951), pp. 249-51.
6   ST, 1888, p. 43.

성경을 읽는 사람이 겸손한 죄인이 아닌 비평가로 바뀐다. "성경의 어느 정도가 참이고, 어느 정도가 거짓인지를 판단하고, 구별하는 일이 내게 주어진다면, 나 자신이 오류가 없어야 한다. 그렇지 않으면 누가 나를 인도해줄 것인가?"[7]

더욱이, 스펄전이 감지한 대로 일단 그런 접근 방식이 용인되면 모든 것을 의심할 수밖에 없게 된다. "어떤 한 가지에 대해 하나님의 말씀을 의심하게 되면, 다른 것에 대해서도 확신을 갖지 못할 것이 뻔하다. 하나님의 말씀 가운데서 한 가지는 받아들이고, 다른 한 가지는 거부한다면, 그것은 곧 하나님이 아닌 우리 자신의 판단과 취향을 믿는다는 명백한 증거가 아닐 수 없다."[8]

성경이 부분적으로 영감되었다면, 성경의 가르침이라는 근거 하나만으로는 어떤 교리도 선뜻 받아들일 수 없게 된다. 이것은 결국에는 '구원'이 일련의 신념과는 아무런 관계가 없다는 의미가 된다. 어떤 목회자는 자기가 확고한 신념이 없는 것

---

7   MTP. vol. 36, pp. 9-10.
8   MTP. vol. 36, p. 303.

이 자신의 기독교 신앙의 진정성과는 아무런 관계가 없다는 투로 스펄전에게 "나는 매주 나의 신조를 바꾼다오."라고 말했다. 스펄전은 그런 입장을 용납하지 않고, "하나님의 말씀이 가르치는 영감된 진리를 굳세고, 끈덕지게 꽉 붙잡아야 한다...철도 운행과 관련된 모든 것은 신호의 정확성에 달려 있다. 신호가 틀리면, 목숨을 잃게 된다. 천국으로 향하는 길에는 오류 없는 신호등이 필요하다. 그렇지 않으면, 더없이 끔찍한 파국을 맞게 될 것이다."[9]

2) 스펄전은 성경에 대한 새로운 견해가 그것이 실제로 주장하는 것과 다르다고 생각했다. 이 견해는 기독교 신앙을 새로운 지식에 맞춰 조정해야 한다는 사실을 받아들이는 것이 곧 지성적인 정직함의 결과라고 주장했다. 바꾸어 말하면, 그것은 진보에 무지한 편협하고, 폐쇄적인 생각을 지닌 사람들만이 성경에 대한 전통적인 견해를 지지할 수 있다는 주장이었다. 교회가 발전하려면 현대적 지식에 대한 증언을 수용

---

9   MTP, vol. 36. J. C. 라일도 부분 영감설을 강력하게 거부했다. 그는 "성경의 저자들이 오류를 저지를 수 있다는 견해를 받아들이면...나의 믿음의 토대가 되어줄 확실하고, 견고하고, 신뢰할 만한 것을 아무것도 발견할 수 없을 것이다."라고 말했다. J. C. Ryle, Expository Thoughts on John, Vol. 3 (1873; repr. Banner of Truth, 1987), pp. vii-ix.

해야 한다. 그런 주장은 그럴듯하게 들리지만, 한 가지 중요한 사실(즉 성경에 대한 이견이 19세기에 나타난 현상이 아니라는 것)을 간과한 것이었다. 바울 사도는 이미 1세기에 "하나님의 지혜에 있어서는 이 세상이 자기 지혜로 하나님을 알지 못하므로"(고전 1:21)라고 말한 바 있다. 이것은 타락한 인간 본성의 근본적인 특징이다. 육신적인 생각은 하나님과 원수가 되기 때문에 그분이 계시하신 진리를 거부할 수밖에 없다. 인간은 타락 이후로 줄곧 하나님의 말씀을 변경하고, 훼손하고, 의심해왔다. 이것이 사람들이 육신이 되신 말씀, 곧 예수 그리스도의 증언을 믿지 않았던 이유였다. 예수님은 당시의 학식 있는 유대인들에게 "어찌하여 내 말을 깨닫지 못하느냐 이는 내 말을 들을 줄 알지 못함이로다...하나님께 속한 자는 하나님의 말씀을 듣나니 너희가 듣지 아니함은 하나님께 속하지 아니하였음이로다"(요 8:43, 47)라고 말씀하셨다.

스펄전은 성경의 특정한 책들의 원저자를 규명하는 것과 같은 문제들을 둘러싸고 벌어지는 논쟁의 배후에 성경에 대한 적대감이 도사리고 있다는 것을 알았다. 그것은 거듭나지 못한 마음 안에 깊이 감추어져 있는 것이다. "성경을 적대시한다는 것은 곧 거룩하지 못한 삶을 살고 있다는 증거다. 누군가가 하나님의 말씀을 적대시한다면, 그의 집까지 쫓아가서 그가 하나님의 말씀을 적대시하는 이유를 찾아보라. 그러면 그것이 어떤 식으로든 죄의 형태로 나타나는 것을 보게 될 것이다."[10] 사람들이 성경을 부분적으로 받아들이는 것을 용인해야 한다고 주장하는 이유는 진정한 지식의 발전이 이루어졌기 때문이 아니라 불신앙과 타협했기 때문이다. 당시의 교회는 성경의 진리가 세상 사람들의 비위를 거스르는 것을 피하면서도 얼마든지 기독교의 본질을 보존할 수 있을 것으로 생각했다.

3) 스펄전은 이것이 단순히 용어들과 견해를 둘러싼 논쟁이 아니라는 것을 알았다. 성경의 중심에는 하나님에 대한 사람들의 태도가 말씀에 대한 그들의 태도와 밀접하게 연관되어 있다는 주장이 놓여 있다. 성경은 하나님과 그리스도께 충실하는 것과 그분들의 말씀에 충실하는 것을 동일시한다. 하나님과 그리스도의 말씀을 믿고, 따르지 않는 것은 곧 하나님

---

10   MTP, vol. 35, p. 618. 물론, 이 말은 스펄전이 성경의 무오성을 믿는 믿음을 저버 린 사람을 모두 비그리스도인으로 간주했다는 뜻은 아니다. 그의 '하향 논쟁'을 살 펴보면, 그는 오히려 속된 사람들이 유포한 견해에 휩쓸린 탓으로 많은 그리스도 인이 속고 있다는 사실에 크나큰 슬픔과 안타까움을 느끼고 있었던 것을 알 수 있 다. '하향 논쟁'에 관해서는 내가 저술한 다음 자료를 참조하라. Forgotten Spurgeon (Banner of Truth, revised edition 1973). 아울러, 성경에 대한 스펄전의 견해를 살펴 보려면 『겨과 흙손』(1887-89)을 참조하라.

을 존중하지도 않고, 그리스도께 충실하지도 않다는 증거다(마 7:24-26, 28:20, 요 8:31, 14:23 참조). "그리스도의 말씀을 받아들이지 않으면 그분을 받아들일 수 없다. 사도들의 말을 받아들이지 않는 것은 곧 그리스도를 받아들이지 않는 것이다. 요한은 '하나님을 아는 자는 우리의 말을 듣고 하나님께 속하지 아니한 자는 우리의 말을 듣지 아니하나니 진리의 영과 미혹의 영을 이로써 아느니라'(요일 4:6)라고 말했다."라는 스펄전의 말은 단지 성경이 말씀한 것을 되풀이했을 뿐이다.[11]

스펄전은 이런 원리를 근거로 20세기의 역사적 전개 과정이 당시에 인기를 누리던 사역자들이 상상했던 것과 크게 다를 것을 자신 있게 예견할 수 있었다. 하나님이 자기의 말을 두려워하는 자들에게만 은혜를 베풀기로 약속하셨다면(사 66:2 참조), 그렇게 하지 않는 기독교는 진리의 영이신 성령의 기름 부음과 권위와는 전혀 무관한 상태가 될 수밖에 없다. 이런 깨달음은 스펄전의 인생 후반기에 매우 무거운 부담감으로 작용했다. 그는 새로운 견해가 널리 받아들여지는 것을 보고서 앞길에 놓인 파멸을 감지했다. "현대 신학이 에덴동산에 들어온

---

11   An All-Round Ministry (1900; repr. Banner of Truth, 1960), p. 373.

다면 그곳에서 더 이상 꽃을 볼 수 없을 것이다. 그것은 모든 것을 시들게 하고, 말려버리는 아프리카의 열풍과도 같다. 이슬이나 기름은 전혀 없다. 그것은 하나님의 축복을 받지도 못하고, 인간에게 아무런 축복도 베풀지 못할 것이다."[12]

스펄전의 생애

스펄전의 생애를 간략하게 요약한 내용은 그의 사상을 역사적 상황 속에서 이해하는 데 도움을 준다. 그는 에식스에서 어린 시절을 보내면서 그리스도인이었던 부모와 조부모에게 많은 영향을 받고 나서 열다섯 살이 된 1850년에 회심했다. 그후 그는 곧 케임브리지의 한 학교에서 보조 교사로 일했고, 그시기에 침례교 신앙을 받아들여 워터비치라는 인근 마을의 침례교 목사로 부임했다. 그는 그곳에서 1854년에 열아홉 살의 나이로 런던의 뉴파크 스트리트로 이주했다.

간단하게 말하면, 그의 공적 사역은 10년을 단위로 네 부분으로 나눌 수 있다. 그는 1850년대에는 온전히 장성한 모습으로 강단을 맡았던 '젊은 천재'였다. 갓 스물밖에 안 된 그의 설

---

12   MTP, vol. 39, p. 266.

교를 듣기 위해 런던에서 가장 큰 장소들이 인파로 북적였다. 신문들은 스물한 살이 된 그를 "타의 추종을 불허하는 당대의 가장 인기 있는 설교자"로 소개했다. 그가 스물세 살이 되었을 때는 '크리스탈 팰리스'에서 거행된 예배에 23,654명이 참석해 그의 설교를 들었다. 그다음 10년인 1860년대에 이루어진 스펄전의 사역은 '복음적인 기관들의 발전'으로 가장 잘 요약할 수 있다. 그가 설립해서 운영했던 기관들에는 목회자를 양성하는 대학, (월간지와 주간 설교지 출판을 담당하는) 출판부, 보육원, 기독교 문헌을 배포하는 '콜포티지 협회', '메트로폴리탄 태버내클 교회'(1861년에 건축되었고, 수용 능력은 약 6,000명에 달했다) 등이 있었다. 그가 담임했던 회중은 1854년에 314명이었지만, 1892년에는 5,311명으로 불어났다.[13]

구경꾼들은 종종 그런 많은 사업이 처음에 시작했을 때와 똑같은 고도의 유용성을 끝까지 유지할 수 없을 것으로 생각했다. 그러나 그들의 예상과는 전혀 달리 매우 잘 진행되었다. 1870년대의 사역은 '영역을 굳건하게 하다'라는 말로 간단히

---

13   그의 교회의 수적 성장은 1,332명(1859년), 2,937명(1864년), 4,047명(1869년), 4,813명(1875년)의 순으로 늘어났다. 그는 그런 숫자를 언급한 적이 거의 없었고, "머리 숫자를 세는 것"에 대해 자주 경고했다.

요약할 수 있다. 모든 사역이 축복을 받았다. 그리고 나서 스펄전에게 가장 힘든 시기였던 1880년대가 도래했다. 이 마지막 10년 동안, 그는 갈수록 증폭되는 논쟁에 직면했다. 이 시기를 그의 말을 빌려 한마디로 요약하면, "너무나도 많은 것과 부딪친 시기"였다.[14] 1891년 당시 쉰일곱 살이었던 스펄전은 건강이 매우 좋지 않았다. 그는 그해 10월 26일에 런던의 헌 힐(Herne Hill) 역을 출발해 프랑스 남부 지방으로 향하면서 작별 인사를 건네러 온 친구들에게 "싸움이 나를 죽음으로 몰아넣고 있다네."라고 말했다. 그는 그로부터 3개월 뒤에 프랑스 망통에서 세상을 떠났다. 이전에 그의 학생이었던 한 사람은 남아프리카공화국에서 그 소식을 전해 듣고는 자신의 공책에 "사랑하는 찰스 해든 스펄전 목사님이 하늘나라에 가셨다."라고 적었다.[15]

성경: 스펄전의 사역이 성공을 거둔 이유

스펄전의 사역은 위에서 언급한 몇 가지 사실이 암시하는 것보다 훨씬 더 뛰어났다. 그의 말과 글을 통해 전파된 말씀을

---

14 An All-Round Ministry, p. 395.
15 존 러셀 목사가 스펄전의 신학교에서 공부할 때 사용했던 네 권의 공책이 지금도 남아프리카공화국에 남아 있다.

모두 고려하면, 대략 매주 약 백만 명에 달하는 사람이 그의 설교를 들은 셈이 된다. 1899년 즈음에는 그의 수많은 설교가 23개국의 언어로 번역되어 발행되었다.[16] 1855년부터 매주 발행된 그의 설교는 매년 한 권의 책으로 묶여 출판되었고, 그 권수가 모두 63권에 달했다. 그 가운데 마지막 권은 그가 사망한 지 사반세기가 지난 1917년에 발행되었다. 스펄전은 이 모든 것 외에도 약 150권에 이르는 다른 저서를 펴냈고, 『검과 흙손』 28권을 편집했다. 스펄전의 저서들을 출판했던 "패스모어 앤 앨러배스터(Passmore and Alabaster)" 출판사는 거의 한 저자의 저서를 출판하는 것만으로도 크게 번영을 누리는 역사를 기록했다. 윌리엄 윌리엄스는 스펄전이 세상을 떠난 지 3년 뒤에 쓴 글에서 "그 어떤 설교자의 두뇌와 마음에서도, 그렇게 규모가 큰 출판사가 한 사람의 저서를 펴내는 데만 항상 몰두할 만큼 방대한 저작물이 쏟아져 나온 적은 단 한 번도 없었다. 지금까지 그 출판사의 서점들을 둘러보면서 발견한 점은 스펄전의 저서들이 산더미처럼 쌓여 있고, 항상 수요가 있다는 것이었다."라고 말했다.[17] 윌리엄스는 그렇게 말하고 나

16   C. H. Spurgeon's Autobiography (London: Passmore and Alabaster, 1899), vol. 2, p. 73.
17   William Williams, Personal Reminiscences of Charles Haddon Spurgeon (London:

서 판매 부수를 인용했다.

이 시점에서 떠오르는 한 가지 물음은 "어떻게 일개 개인이 그토록 오랫동안 그토록 많은 사람에게 그런 큰 영향을 미칠 수 있는가?"라는 것이다. 사람들의 관심이 늘 지속되는 이유는 과연 무엇일까? 어떻게 한 사람이 신선함과 호소력을 조금도 잃지 않고서 그렇게 자주 말하고, 그렇게 많은 글을 쓸 수 있는 것일까? 스펄전이 남다른 재능을 지녔고, 매우 열심히 일했던 것은 분명하다. 그러나 단지 그의 재능이나 근면함만을 생각한다면, 결코 올바른 대답을 찾을 수 없다. 그 답은 그의 손에 들렸던 책에서 발견할 수 있다. 그 책은 늘 그의 동반자였다. 그는 그 책을 전하고, 연구하며 살았다. 그는 모든 축복을 그 책에 돌렸다. 사실, 그 자신의 사상이나 견해만으로는 아무것도 성취하지 못했을 것이다.

"'여호와의 율법은 완전하여 영혼을 소성시키며'(시 19:7). 하나님의 살아 있는 말씀 외에는 그 무엇으로도 영혼을 설득하고, 변화시키고, 새롭게 하고, 거룩하게 할 수 없다. 하나님은

Religious Tract Society, 1895), p. 287.

말씀이 자기에게로 헛되이 돌아오지 않을 것이라고 약속하셨다. 그분은 인간의 지혜나 인간의 탁월한 언변에는 그런 약속을 덧붙이지 않으셨다. 하나님의 성령께서는 그분의 말씀과 함께 역사하신다...그분의 길은 모두 기름지지만, 인간의 길은 모두 황폐하다."[18]

스펄전은 교회가 성경을 소유함으로써 결코 다함이 없는 빛과 열기의 근원을 보유하게 되었다고 믿었다. 그가 존 번연에 관해 한 말("그의 어디를 찌르든 성경 말씀으로 가득한 피가 흘러나올 것이다")은 그 자신에게도 그대로 적용된다. 평이하고, 평범한 성경 말씀이 곧 그의 설교와 책들의 내용이었다. 기도하며 성경을 굳게 붙잡으려고 노력했던 것이 그의 사역이 성공을 거둔 이유였다. "성경은 경이로운 책이다...밤에는 그것을 등불로 사용할 수 있고, 낮에는 그것을 햇빛가리개로 사용할 수 있다. 성경은 보편적인 책이요 책 중의 책이다. 성경은 산더미처럼 많은 책의 자료를 제공했다. 성경은 말 그대로 신성한 책이요 책들의 정수다...이 한 권의 책은 평생에 걸쳐 아무리 부지

18　Address on "Beaten Oil for the Light," ST, 1892, p. 687.

런히 연구해도 다함이 없다."[19]

성경과 스펄전이 지녔던 믿음의 내용

스펄전의 생애를 돌아볼 때 느껴지는 가장 깊은 확신 가운데 하나는 하나님의 사역이 영속성이 있다는 것이다. 그 영속성은 성경이 가르치는 진리 체계, 즉 "성도에게 단번에 주신 믿음의 도"(유 1:3)를 중심으로 이루어진다는 것이다. 그는 하나님이 개신교 종교개혁을 통해 그런 진리 체계를 복원시키셨고, 그것이 종교개혁자들과 청교도가 만든 신조와 교리문답 안에 매우 뛰어난 형태로 요약되어 있다고 믿었다. 이 구원의 진리가 대대로 충실하게 전해져야 했다. 19세기는 독창성에 집착했고, 그는 말씀의 수호자라고 공언하는 자들 가운데서 발견되는 그런 성향을 죄로 간주했다.[20] 그에게는 "네가 많은 증인 앞에서 내게 들은 바를 충성된 사람들에게 부탁하라 그들이 또 다른 사람들을 가르칠 수 있으리라"(딤후 2:2)라는 바

---

19 MTP, vol. 28, p. 190.
20 "형제들이여, 독창성에 대해 걱정하지 말라. 그리스도께서는 독창성을 주장하신 적이 한 번도 없으셨다. 그분은 '너희가 듣는 말은 내 말이 아니요 나를 보내신 아버지의 말씀이니라'(요 14:24)라고 말씀하셨다. '그가 스스로 말하지 않고 오직 들은 것을 말하며 장래 일을 너희에게 알리시리라'(요 16:13)라는 말씀에서 알 수 있는 대로, 성령께서도 독창성을 주장하지 않으시기는 마찬가지였다." Williams, Personal Reminiscences, p. 140.

울 사도의 말이 여전히 구속력 있게 들렸다.

스펄전은 1855년에 1689년에 공포된 "침례교 신앙 고백"을 다시 펴냈다. 이 신앙 고백은 "웨스트민스터 신앙 고백"과 맥을 같이 한다. 그는 1859년에 메트로폴리탄 태버내클 교회가 건축되는 동안, 그 기초석 밑에 그 신앙 고백서를 안치했다. 그는 19세기에 나타났던 타협적인 신조들을 채택하지 않았다. 대신에 종교개혁에서 비롯된 진리 체계를 잘 보존하고 대대로 물려주어야 할 성경적인 진리의 유산으로 간주했다. 그는 그런 이유에서 자기 교회의 어린아이들과 젊은이들에게 세례에 관한 내용만을 개정한 1647년의 소요리문답을 가르쳤다. 그는 1866년에 이 사실을 언급하면서 "세상의 유행은 이 문답서를 비웃으며 시대에 뒤떨어졌다는 식으로 말할 것이다. 그러나 나는 과연 성경의 교리를 이보다 더 잘 요약한 문답서를 작성할 수 있는 사람이 어디에 또 있는지 보고 싶다."라고 말했다.[21] 그는 교인들에게 신앙 고백에 명시된 교리들을 믿지 않

---

21 Speeches of C. H. Spurgeon (London: Passmore and Alabaster, 1878), p. 64. "웨스트민스터 총회의 신앙 고백을 배운 우리의 아이들이 언변은 뛰어나지만 아무것도 가르치지 못하는 사역에 주의를 기울이는 수많은 성인들보다 은혜의 교리와 성경에 대해 더 많이 알고 있다."

는다면, "깨끗한 양심을 지닌" 신자로 남을 수 없을 것이라고 말하기를 주저하지 않았다.[22]

스펄전의 사역이 지니는 이런 특징은 매우 중요한 결과들을 낳았다. 그 가운데 하나는 스펄전의 근본적인 열정과 헌신이 역사적인 복음주의 기독교와 일맥상통한다는 것이다. 그는 확실한 침례교인이었지만, 그를 침례교인들과 연합시킨 요인들보다 복음주의에 대한 그의 충성심이 더 우위에 있었다. 그의 전반적인 사역은 성경적인 보편성을 추구했다. 그가 "목회자 대학"과 "보육원"의 책임자로 임명한 사람들은 모두 유아 세례를 옹호하는 침례교인들이었다.[23] 그가 전폭적인 지원을 아끼지 않았던 출판사의 두 동역자 가운데 한 사람은 성공회 신자였다. 스펄전은 자신의 생애 말기에 벌어진 '하향 논쟁'에서 침례교인들이 교파의 일치를 그보다 더 중요한 소명보다 우선시하는 것을 매우 안타깝게 여겼다. 그는 그런 논쟁이 불거진

---

22 Only A prayer—Meeting (London: Passmore and Alabaster, 1901), p. 67.

23 C. H. Spurgeon Autobiography, vol. 2, The Full Harvest (revised edition of original Autobiography, Banner of Truth, 1973), p. 168. 1권인 『초창기(*The Early Years*)』는 1962년에 출판되었다. 이 두 권의 개정본은 본래의 자서전과의 혼동을 피하기 위해 『찰스 스펄전: 초창기(*C. H. Spurgeon: The Early Years*)』와 『찰스 스펄전: 온전한 추수 (C. H. Spurgeon: The Full Harvest)』라는 제목으로 인용할 예정이니 참고하기 바란다.

시기에 "우리의 기대"라는 제목의 설교를 통해 "그리스도인들이여, 우리는 씨족으로서의 감정을 느껴야 한다. 아마도 어떤 사람은 이 말에 '오, 침례교인들끼리 함께 뭉쳐야 한다는 뜻이군요.'라고 말할지도 모른다. 그러나 내 말은 그리스도의 후손들은 모두 한마음을 지녀야 한다는 뜻이다. 우리는 예수 그리스도의 생명과 사랑이 발견되는 곳이면 어느 곳이든 우리의 사랑을 베풀어야 한다."라고 말했다.[24]

스펄전이 신앙의 근본 원리들을 우선시했던 데서 비롯된 또 하나의 결과는 그의 사역을 통해 성경 연구에 대한 열정이 촉발되었다는 것이다. 그뿐 아니라, 그의 청중과 독자들이 하나의 공통된 신앙의 학교에 소속된 교사들과 성경 해석자들로 대대로 계승되어 나간다는 사실을 깨닫게 된 것이었다. 63권으로 이루어진 스펄전의 설교집은 이미 영어로 쓰여 존재하던 풍부한 복음주의 저서들을 응축해 놓은 것이라고 말해도 될 것이다. 어느 날, 그는 자신의 서재에서 한 친구에게 영국 청교도의 저서들로 가득 찬 책장을 가리켜 보이면서 "나는 저것

24　MTP, vol. 37, p. 55.

들을 모두 설교했네."라고 말했다.[25] 그는 그 외에도 더 많은 것을 설교했지만, 거의 모두 동일한 전통에서 비롯된 것들이 었다. 결국, 스펄전의 책들을 읽는 사람은 19세기에 유행한 신학 사상이나 한갓 한 위대한 개인의 기발한 생각에 지나지 않는 일시적인 이론들을 읽는 것이 아니다. 오히려 과거와 미래에 모두 통용되는 진리 체계, 곧 교회를 진리의 부름으로부터 멀어지게 만드는 기이한 생각이나 오류나 공상을 무한히 능가하는 참된 진리들을 접하게 되는 셈이다.

19세기에는 교사인 척하는 사람들이 많았다. 그들은 자신이 생각해낸 새로운 것들을 내세우기 위해 "성령의 가르침"을 받았기 때문에 "죽은 사람들의 생각"은 더 이상 아무것도 필요하지 않다고 주장했다. 그들은 스펄전이 자신들을 대적하는 적이라는 것을 알았다. 그는 그들이 멸시했던 저자들 안에서 모든 시대의 교회에 주어진 그리스도의 선물을 발견했다.[26] 최근의 목소리들이 과거의 교사들보다 우월하다는 생각은 또 다른 형태를 띤 인간의 교만에 지나지 않았다.

---

25 Williams, Personal Reminiscences, p. 34.
26 다음 자료를 참조하라. Spurgeon, Commenting and Commentaries (1876; repr. Banner of Truth, 1969), pp. 26-7.

성경과 스펄전의 개인 생활

성경은 인간의 사적인 생활과 공적인 생활이 명확한 관계를 맺고 있다고 분명하게 가르친다. 다른 사람들의 눈에 잘 띄지 않는 우리의 개인적인 삶이 우리의 인격과 행위에 지배적인 영향력을 행사한다. 따라서 참된 기독교 지도자라면 그 누구든 세상에 잘 알려지지 않은 개인적인 삶이 항상 삶의 가장 중요한 부분이 될 수밖에 없다.

스펄전은 열다섯 살에 회심하기 전에 4년 동안 십계명의 요구를 충족시킬 수 없는 자신의 무능력함을 의식하면서 죄책감에 시달렸다. 하나님의 말씀을 의지하려는 그의 믿음의 기초가 처음 놓이게 된 것은 바로 그런 고통스러운 경험 때문이었다. "하나님의 율법이 나를 압박했다...내 영혼의 구원을 생각하기 전만 해도 내 죄가 그다지 많아 보이지 않았다."[27] 어떤 사람들은 스펄전이 그렇게 오랫동안 죄책감에 시달렸던 이유가 청교도의 책들을 읽고서 부정적인 영향을 받은 탓이라고 생각한다. 그러나 스펄전 자신은 그렇게 생각하지 않았다. 그는 "다른 사람들은 아무렇지도 않은 듯 평안하기만 한데 나만

---

27   C. H. Spurgeon: The Early Years, pp. 58-9.

유독 그렇게 많은 영적 갈등을 경험해야 했던 이유가 무엇인지 궁금했었다. 아아, 형제들이여, 그때는 내가 이 큰 회중을 향해 말씀을 전해야 할 사명을 짊어진 사람이라는 것을 미처 알지 못했다. 또, 내가 폭풍우에 이리저리 휩쓸려 곧 죽어 사라질 것처럼 큰 고통에 시달리는 수백, 아니 수천의 영혼들을 위해 사역해야 할 사람이라는 것을 이해하지 못했다."라고 말했다.[28]

스펄전의 개인적인 갈등은 단지 회심으로만 끝나지 않았다. 만일 그랬더라면 그는 자신의 영적 파멸을 지켜봐야 했을 것이다. 타락한 인간은 비록 그리스도인일지라도 하나님의 특별한 도움이 없으면 인기와 성공으로 인한 유혹을 오랫동안 버텨내기가 어렵다. "하나님은 우리를 통해 위대한 사역을 이룰 때면 우리가 그 영광을 우리 자신에게 돌리지 않도록 항상 세심한 주의를 기울여 살피신다. 그분은 우리 자신을 더욱더 낮게 낮추어 생각하도록 이끄신다…어떤 나팔들은 자아가 가

---

28   MTP, vol. 29, pp. 213-4. 그는 1890년에 이렇게 말했다. "우리가 청교도를 등한 시하는 이유는 회개할 생각이 없기 때문이다. 끔찍한 죄책감, 곧 저항할 수 없는 강력한 죄의식이야말로 거룩하고, 영광스러운 인격의 변화를 위한 초석이 아닐 수 없다."

득 들어차 있는 까닭에 하나님이 부실 수가 없다."[29] "분명히 말하지만, 하나님이 누군가를 대중 앞에서 높이 추켜세울 때는 항상 그를 개인적으로 따로 데리고 가서 흠씬 두들겨 패신다. 그렇지 않으면, 그는 우쭐한 마음으로 교만해질 수밖에 없다. 하나님은 그런 꼴은 차마 보지 못하신다."[30] "정신이 아찔할 만큼 높이 올라갔다가 아래로 떨어져 산산 조각난 사람들이 적지 않다. 높은 곳에서도 안전하게 서 있을 수 있는 사람이 되려면 혹독한 시련을 겪어야 할 필요가 있다. 고난과 실패보다 번영과 성공으로 인해 멸망한 사람들이 더 많다."[31]

이런 말들은 스펄전의 개인적인 경험과 관련해서도 해당되는 부분이 매우 많았다. 그의 사역이 많은 열매를 거두고, 성경과 그토록 밀접하게 연관되어 있었던 이유도 그가 그런 사

---

29 Only A Prayer—Meeting, p. 42.
30 MTP, vol. 52, p. 165.
31 MTP, vol. 51, p. 356. 그는 다른 곳에서도 이렇게 말했다. "그럴 리는 없지만, 혹시라도 하나님이 불똥이 떨어지도록 허락하신다면 천국에 가장 가까이 다가간 성도 안에도 또 다른 지옥을 만들고도 남을 정도의 불길을 타오르게 할 부싯깃이 존재한다는 것을 기억해야 한다. 가장 훌륭한 사람 안에도 지옥과도 같은 거의 무한에 가까운 타락의 심연이 존재한다. 어떤 그리스도인들은 이 사실을 전혀 모르는 것처럼 보인다. 나는 차라리 그들이 아무것도 모른 채 그대로 있으면 좋겠다. 왜냐하면, 누구라도 그 사실을 깨달으면 크나큰 고통을 느낄 수밖에 없기 때문이다. 그러나 그런 깨달음은 우리 자신을 더는 신뢰하지 않게 만드는 유익한 결과를 가져다준다."(MTP, vol. 52, p. 225).

실을 절실히 의식했기 때문이다. 그가 세상을 뜨기 전까지만 해도 개인적으로 얼마나 큰 시련들을 겪었는지를 아는 사람은 그리 많지 않았다. 그가 몹시 사랑했던 아내 수지는 그가 사역하는 동안 병치레가 잦았다. 1867년에는 스펄전 자신도 고작 서른세 살에 불과했지만, 한 차례의 심한 질병을 앓고 난 이후로 몸이 차츰 쇠약해지기 시작했다. 그로부터 2년 뒤에는 당시에 통풍(몸의 관절에 고통스러운 염증을 일으키는 질병)으로 알려진 질병을 처음 앓았다. 그는 1871년에는 이 질병의 갑작스러운 발작이 "죽을 때까지 우리가 짊어져야 할 십자가"가 될지도 모른다고 생각하게 되었다.[32] 그의 생각은 결국 현실이 되고 말았다. 그 질병은 정해진 대로 진행되어 발에서부터 차츰 위로 퍼져나갔다. 스펄전은 때로 발과 손을 "고통의 덩어리"로 일컬었다. 그의 상태는 대개 날씨가 추울 때 더 심해졌다. 의사들은 과도한 정신노동이 증세를 더 악화시켰다고 생각했다. 통풍 발작으로 인한 육체적인 고통 외에도 그를 더욱 심하게 괴롭혔던 일이 있었다. 그는 그것을 "무시무시한 정신적 우

---

32 C. H. Spurgeon: The Full Harvest, p. 194. 그는 1871년에 질병에서 차츰 회복되는 동안 교인들에게 애절한 심정이 담긴 편지 한 통을 써 보냈다. 그 가운데는 이런 내용이 들어 있었다. "여러 날을 밤에는 뜬 눈으로, 낮에는 울먹이며 지냈지만, 이 어두운 구름이 사라지기를 희망하고 있습니다. 아아! 나는 내가 개인적으로 겪는 가벼운 고통에 대해서만 이렇게 말할 수 있을 뿐입니다. 내 마음 가장 가까운 곳에는 그런 희망으로도 덜어지지 않을 슬픔을 지닌 한 사람이 있습니다."(Ibid., p. 85).

울감"으로 일컬었다.[33] 그는 질병과 우울감에 시달리며 암울한 나날을 보냈다.

그러나 스펄전은 그런 고통은 물론, 다른 시련들까지도 모두 하나님에게서 온 축복으로 생각하기에 이르렀다. 그는 "나는 우울한 시간과 병든 날들을 통해 더 많은 것을 얻었다."라고 말하기도 하고,[34] "고통은 내게 필요했고, 유익한 목적을 이루었다."라고 말하기도 했다.[35] 그의 침실 벽에는 "내가 너를 고난의 풀무 불에서 택하였노라"(사 48:10)라는 말씀이 적혀 있었다. 그는 그 풀무 불 속에서 일어나는 일들을 설명하면서, "아름다움도 손상되고, 생김새도 망가지고, 힘도 쇠약해지고, 영광도 사라진다."라고 말했다. 그럴 때는 "오, 주님, 주님 안에서 일어설 수 있도록 저를 깊이 가라앉히소서."라고 기도하는 법을 배워야 한다.[36] 스펄전은 홀로 있을 때면 자기가 하나님 앞에서 아무것도 아니라는 사실을 떠올렸다. 그는 "주님을 위해 많은 시간을 일했고, 또 많은 설교를 전했지만, 늘 후회

33   Ibid., p. 410.
34   MTP, vol. 35, p. 224.
35   C. H. Spurgeon: The Full Harvest, p. 410.
36   The Cheque Book of the Bank of Faith (London: Passmore and Alabaster, 1888), p. 312. 다음 자료도 함께 참조하라. ST, 1887, p. 110.

가 남았다. 그것들은 모두 불완전하고, 죄에 오염되었다. 내가 주님을 위해 지금까지 해 온 일들을 생각하면, '오, 하나님, 제가 행한 거룩한 것들의 부정함을 용서하소서.'라고 부르짖지 않을 수 없다."라고 말했다.[37]

스펄전이 거듭 재발했던 질병에 관해 가장 자세히 언급한 내용 가운데 하나가 『검과 흙손』 1876년 5월호에 실린 "대체 왜 나를 제쳐두었나?"라는 제목의 논설에서 발견된다. 그는 그 글에서 이렇게 말했다. "우리 자신이 중요하다고 생각하는 것은 혐오스러운 망상이지만, 거름더미에서 잡초가 자라듯 우리는 본능적으로 그런 생각에 쉽게 빠져든다. 우리는 주님의 쓰임을 받을 때 개인적인 위대함을 꿈꾸며, 우리 자신을 교회에 없어서는 안 될 존재, 곧 하나님의 성전을 떠받치는 토대이자 기둥으로 생각하는 경향이 있다. 우리는 지극히 무가치하고, 아무것도 아니지만, 정작 우리 자신은 그렇게 생각하지 않는다. 우리는 쓰임을 받지 못하면, 곧바로 '내가 없이 어떻게 그 일이 잘 될 수 있을까?'라고 불안해하기 시작한다. 이는 마차 바퀴에 앉은 파리가 '내가 없이 어떻게 우편물이 배달될 수

---

37   MTP, vol. 53, p. 329.

있겠어?'라고 말하는 것과 같다."

스펄전의 유익한 사역 활동의 이면에는 이런 자괴감이 감추어져 있었다. 그는 반복되는 시련을 겪으면서 하늘의 도움이 없었다면, 자신의 연약함과 고통과 의무감 아래 완전히 짓눌리고 말았을 것이라는 사실을 깨달았다. 그러나 마치 고통과 시련이 하나님과 그의 개인적인 관계에 주된 영향을 미친 것처럼 생각한다면, 이는 큰 오산이다. 그것은 단지 다른 것을 위한 준비 과정에 지나지 않았다. 하나님은 겸손한 자를 높이신다. 스펄전은 그리스도의 사랑과 성령의 위로를 깊이 의식했기 때문에 밝고, 명랑한 그리스도인이 될 수 있었다. 그는 이 점과 관련해 젊었을 때 배웠던 다음의 찬송가 가사를 종종 인용했다.

근심이 거친 홍수처럼 밀려오고,
슬픔의 폭풍우가 몰아닥쳐도.
집에서 그리스도로 인해 배부르니
내 영혼은 아무 걱정이 없네.

그러나 지금 우리의 주된 관심은 스펄전이 도움을 받았고, 그 후에 그가 다른 사람들에게 전해주었던 수단이 무엇이었는지에 있다. 그 수단은 다름 아닌 성경이었다. 그는 성경 말씀이 없었다면 결코 잘 버텨내지 못했을 것이라는 사실을 분명하게 보여주었다. 그는 "성령께서는 말씀을 통해 우리를 위로하신다."라고 종종 말했다. 그는 믿음을 굳세게 하고, 은혜 안에서 성장하기 위해 성경을 필요로 했고, 성경을 사랑했다. 그는 단지 다른 사람들을 가르치기 위해 성경을 연구했던 전문가가 아니었다. 그가 개인적으로 성경을 연구했던 이유는 단지 설교를 준비하기 위해서가 아니었다. 그가 지금까지 세상에 나온 시편 주석 가운데 가장 두꺼운 주석을 펴내기 위해 20년이 넘는 시간을 소비한 이유는 의무감 때문이 아니었다. 그에게 그 일을 부탁했던 출판업자는 아무도 없었다. 그가 그 일에 몰두했던 이유는 시편의 말씀들과 매우 밀접한 삶을 살면서 지극히 풍성한 은혜를 체험했기 때문이다. 그가 시편 주석에 붙인 제목을 보면 그의 심정이 어땠는지를 잘 알 수 있다. 그는 시편 주석을 "다윗의 보고(寶庫)"로 일컬었다. 그는 시편 주석을 끝마치고 나서 "내게 아낌없이 베풀어신 풍성한 은혜"라고 말했고, "다윗과 함께 묵상하고, 애통해하고, 바라고, 믿고, 기뻐했던 날들은 참으로 복되었다! 황금 대문 이쪽에서 이

보다 더 큰 기쁨을 누릴 수 있기를 바랄 수 있을까?"라고 외쳤다.[38]

스펄전은 생애 말년에 또 한 권의 주석을 집필했다. 그 주석의 제목은 "왕국의 복음: 마태복음 주석"이었다.[39]

성경이 스펄전의 개인 생활에서 차지했던 또 하나의 중요한 역할은 '인도'였다. 그의 사역이 위기에 봉착할 때마다 성경의 증언이 그의 결정과 선택에 큰 영향을 미쳤다. 그는 10대의 나이로 "워터비치 침례교회"의 목회자가 되었을 때 사역자가 되려면 정식으로 교육을 받아야 한다는 가족들과 여러 사람의 말로 인해 큰 정신적 압박감을 느꼈다. 어느 날, 그런 생각에 마음이 무거운 상태로 케임브리지에 있는 '미드썸머 커먼'을 가로질러 걷고 있는데, 불현듯 암기하고 있던 예레미야 45장 5절 말씀("네가 너를 위하여 큰 일을 찾느냐 그것을 찾지 말라")이 머릿속에 떠올랐다. 그로부터 수년이 흐른 뒤에 그는 "그때 그

---

38 The Treasury of David, vol. 7 (London, 1890), p. v.
39 이 주석은 "패스모어 앤 앨러배스터" 출판사를 통해 1893년에 출판되었다. 스펄전 부인은 이 주석의 서문에서 "그가 큰 능력을 지녔던 비결은 '인간의 설득력 있는 지혜의 말'이 아닌 하나님이 그의 마음에 주신 말씀만을 기꺼이 말한 것이었다."라고 말했다.

말씀이 떠오르지 않았다면, 지금의 내 모습과 내가 있는 이 자리가 존재하지 않았을 것이다."라고 말했다.[40] 그 말씀이 머릿속에 떠오른 것이 그의 삶에 결정적인 영향을 미친 것을 알 수 있다.

스펄전이 런던에 온 지 3년째 되어 인기가 절정에 달했던 1856년 10월에도 그에 못지않은 중요한 사건이 하나 발생했다. 그가 수천 명의 인파가 가득 들어찬 "서리 뮤직홀 가든스"에서 주일 저녁 예배를 인도하는 중이었는데, 한쪽 발코니에서 "불이야!"라는 잘못된 외침이 터져 나왔다. 회중 가운데 일부는 계단 아래로 우르르 달려 내려갔고, 그런 소란과 흥분으로 인해 일곱 명이 사망하고, 많은 사람이 다쳤다. 설교자인 그는 그런 일이 일어난 발코니에서 멀리 떨어진 곳에 있었기 때문에 눈에 보이지 않는 곳에서 일어나고 있는 재난을 전혀 의식하지 못한 채 계속 예배를 인도했다. 마침내 그 소식이 그에게 전해지자 그는 충격을 받고 쓰러졌다. 그의 상태는 매우 위중해 다시는 설교를 하지 못할 것처럼 보였다. 그는 당시의 재난이 "나의 이성을 산산이 부서뜨릴 만큼 충격적이었다."라

---

40   C. H. Spurgeon: The Early Tears, p. 208.

고 술회했다.

　그의 설교 예약은 모두 취소되었고, 그는 크로이든에 있는 친구의 집에 가서 머물렀으며, 어떤 의무도 이행할 수 없을 만큼 의기소침한 상태였다. 그가 그런 상태에서 벗어나게 된 방식은 우리가 지금 다루고 있는 주제와 매우 밀접한 관련이 있다. 그의 회복은 성경 읽기가 아닌 그의 마음속에 간직되어 있던 성경 말씀을 통해 이루어졌다. 그 말씀은 그가 황폐한 마음으로 친구의 집 정원에 홀로 있을 때 갑작스레 떠올랐다. 그의 머릿속에 떠오른 말씀은 바로 "이러므로 하나님이 그를 지극히 높여 모든 이름 위에 뛰어난 이름을 주사 하늘에 있는 자들과 땅에 있는 자들과 땅 아래 있는 자들로 모든 무릎을 예수의 이름에 꿇게 하시고 모든 입으로 예수 그리스도를 주라 시인하여 하나님 아버지께 영광을 돌리게 하셨느니라"(빌 2:9-11)였다. 그 순간, 그리스도께서 모든 것을 이기고 승리하실 것이라는 확신이 새롭게 생겨났다. 그는 자기 자신을 잊었고, 그러자 그를 뒤덮은 먹구름이 말끔히 사라졌다. 그리스도께서는 하나님의 오른편에 계신다. 그는 오직 그 사실만을 아는 것으로 족했다. 그는 다시 강단에 올라서서 이 말씀을 본문으로 삼아 말씀을 전했다. 그는 교인들에게 "제가 오늘 이곳에 올 수 있었던 것은 이 말씀 때문입니다."라고 말했다.

내가 다른 곳에서도 다룬 바 있는 '하향 논쟁'은 스펄전이 겪은 가장 큰 시련에 해당할 것이 틀림없다. 그는 이 시련도 하나님의 말씀을 신뢰하는 믿음 덕분에 능히 극복할 수 있었다. 이것을 통해『믿음의 은행에서 발행한 수표책』이라는 책이 출판되었다. 그는 이 책에 관해 "나는 가장 큰 시련을 겪는 동안, 주님을 의지했고, 그분의 거룩한 약속을 신뢰했다."라고 말했다.[41]

그리스도인들은 다양한 시련을 겪지만, 스펄전은 어떤 상황과 처지에서도 하나님의 말씀을 믿으면 마음의 평안을 얻을 수 있다고 믿었다. "너희가 강하고 하나님의 말씀이 너희 안에 거하시며"(요일 2:14)라는 말씀이 암시하는 대로, 영적 안정성과 하나님의 말씀의 올바른 사용은 서로 불가분의 관계를 맺고 있다. "위대한 책인 성경을 진정으로 사랑하면 위대하신 하나님으로부터 큰 평화가 임한다. 그 무엇도 하나님의 말씀이

---

41   ST, 1888, p. 507.

풍성하게 거하는 사람을 걸려 넘어지게 할 수 없다."[42] 스펄전은 하나님의 약속을 믿고, 의지하는 것을 그리스도인의 의무로 여겼다. 그가 공적 사역이나 글을 통해 하나님의 약속들을 그토록 많이 언급한 이유는 그것이 그가 스스로 살아가는 방법을 배우게 된 방식이었기 때문이다. 그는 설교 도중에 자기 자신을 언급하는 경우가 매우 드물었다. 하지만 혹시라도 그렇게 할 때면 대개는 자기가 다른 사람들에게 설교했던 것을 자신이 직접 어떻게 믿고, 의지했는지를 보여주기 위해서였다. 예를 들어, 그는 쉰한 살에 "내가 결코 너희를 버리지 아니하고 너희를 떠나지 아니하리라"(히 13:5)라는 말씀으로 설교를 전하면서 이렇게 말했다.

"나는 이따금 '나는 너무나도 많은 고통을 겪고 있어. 나는 매우 심하게 앓을 거야. 나는 오랫동안 교회에 나오지 못할 거야. 교인들이 크게 피해를 보게 될 거야. 다시는 설교할 수 없을 거야.'라는 식으로 말하는 잘못을 저지르곤 한다. 몸을 가누기도 힘든데 간신히 강단에 올라서서 예배를 마치고 나면, 마음속에서 '그래. 나는 곧 아무짝에도 쓸모없는 인간이 되고

---

42 The Cheque Book of the Bank of Faith, p. 100.

말거야. 침상에 몸져눕거나 휠체어 신세를 지고 말거야. 도움이 되기는커녕 짐만 되고 말거야.'라는 사악한 속삭임이 들려오곤 한다. 앞날이 암울하기 짝이 없게 느껴진다. 그러나 '내가 결코 너희를 버리지 아니하고 너희를 떠나지 아니하리라'라는 말씀이 생각나자 두려움은 사라지고, 주님이신 나의 하나님 안에서 기뻐할 수 있었다."[43]

비록 스펄전 자신을 직접 암시하는 내용은 발견되지 않지만, 이와 비슷한 다른 많은 설교에서도 그의 말의 배후에 그의 개인적인 경험이 놓여 있다는 사실을 분명하게 느낄 수 있다. "참된 설교는 저절로 솟구치는 샘물과 같다. 그런 설교는 영혼의 깊은 곳에서부터 뿜어져 나온다…은혜가 먼저 우리에게 진리를 전하지 않으면, 우리는 다른 사람들에게 진리를 전할 수 있는 대리자가 되기에 적합하지 않다."라고 말에서 짐작할 수 있는 대로, 그는 하나님의 약속을 믿고, 의지하는 것을 모든 설교자에게 적용되는 자명한 원리로 간주했다.[44]

---

43 MTP, vol. 32, p. 47.
44 MTP, vol. 35, p. 615.

성경과 미래의 부흥

위에서 언급한 대로, 스펄전은 말년이 가장 힘든 시기였다. 그를 복음주의 신앙의 지도자로 간주하기보다 지나간 시대의 고집스러운 대변자, 곧 '마지막 청교도'로 생각하는 사람이 많았다. 그의 생전에 그리스도인을 자처하는 사람들 가운데 많은 사람이 칼빈주의에서 아르미니우스주의로 돌아섰을 뿐 아니라 성경의 완전 영감을 의심하는 데까지 나아갔다. 심지어는 그리스도의 온전한 신성과 그분의 대리 속죄에 관한 신념조차도 학식은 있지만 신앙은 없는 사람들의 해로운 영향으로 인해 안전하게 지켜질 수 없는 분위기가 팽배했다. "칼빈주의는 너무 엄격하고, 복음적인 교리들은 너무 고리타분해졌으며, 이제는 성경 자체도 인간이 임의로 바꾸어 발전시켜야 하는 대상이 되고 말았다."[45] "전에는 특별 구원과 일반 구원에 관해 논쟁을 벌였는데, 이제는 그런 구원이 과연 실제로 존재하기는 하는지를 묻고 있다."[46]

스펄전이 그런 상황을 무겁게 받아들였던 이유는 교회의 상

---

45   Only a Prayer—Meeting, p. 13.
46   ST, 1888, p. 259.

황이 당시의 세대는 물론, 그 이후의 세대들에게까지 영향을 미칠 것을 예상했기 때문이다. 오늘의 타협은 내일의 결과로 이어질 수밖에 없다. 스펄전은 비록 미래가 밝지 않을 것이라는 암울한 전망을 떨쳐버릴 수는 없었지만, 성경이 비관주의를 용납하지 않는다는 것을 잘 알고 있었다. 그리스도의 대의는 결코 사라지지 않았다. 하나님의 말씀이 민족들 가운데서 다시 흥왕할 것이고, 성령께서는 여전히 세상을 능력과 참된 지식으로 가득 채우실 수 있을 것이다. 사람들은 그리스도께서 무덤 속에 있지 않고, 보좌 위에 앉아 우주를 통치하신다는 사실을 새롭게 확신하게 될 것이었다. 그는 "만일 주님이 속히 오지 않으신다면, 오늘날에 이루어지고 있는 일이 앞으로 수 세기에 걸쳐 영향을 미칠 것이다."라고 말했지만, 거기에서 그치지 않고 "나는 향후 50년 동안 기꺼이 개들에게 먹힐 준비가 되어 있지만, 좀 더 먼 훗날의 역사는 나를 옹호해줄 것이다."라고 덧붙였다.[47] 그는 또한 "내가 마지막 청교도라고 해도 그

---

47 An All-Round Ministry, p. 360. 스펄전이 그리스도의 재림을 언급한 사실은 중요하지만, 그는 재림의 때를 예측하는 견해들에 이리저리 휩쓸리지 않았다. 그는 "어떤 형제들은 아직 성취되지 않은 예언을 매우 정확하게 서술할 수 있을지 몰라도, 나는 솔직히 그런 능력이 없다."라고 말했다(MTP, vol. 33, p. 62). 나는 다음의 책에서 예언에 관한 스펄전의 견해를 좀 더 자세히 다룬 바 있다. Iain Murray, The Puritan Hope: Revival and the Interpretation of Prophecy (Banner of Truth, 1971), pp. 256-65.

것을 조금도 부끄러워하지 않을 것이다. 나의 주님이, 묻힌 진리들을 되살리시리라는 것은 그분이 하나님이시라는 사실만큼이나 확실하다. 현재의 광기는 곧 종식될 것이다."라고 말했다.[48] 그가 말년에 전한 설교들에는 성경의 약속에 근거한 희망이 가득 넘친다.

"옛적의 선한 대의가 하루아침에 이루어지지 않고, 나의 생전에 그리스도께 왕국이 임하지 않는다고 해서 가만히 앉아 울어야 할까? 아니다. 나는 거룩한 목적을 이룰 수많은 사람 가운데 하나일 뿐이다. 하나의 작은 산호충이 거대한 바위가 형성되는 것을 돕고, 그 위로는 삼나무와 종려나무와 아름다운 꽃들이 차츰 자라는 것처럼…나는 비록 바닷물 아래 있더라도 나의 일을 할 것이다. 나는 나의 일을 하다가 죽을 것이다. 다른 사람들도 그렇게 할 것이다. 그러다 보면 거대한 바위가 형성되고, 하나님의 목적이 이루어질 것이다. 모세는 '주께서 행하신 일을 주의 종들에게 나타내시며 주의 영광을 그

---

48 MTP, vol. 30, p. 680. "그들은 우리를 무지몽매하고, 고리타분한 청교도로 간주하며 비웃지만, 부지중에 그런 식으로 우리의 충실함을 증언해주어서 참 고맙게 느껴진다."(ST, 1888, p. 91). 스펄전은 생애 말년에 "'현대 사상'을 자랑하는 신사분들의 말에 따르면, 몇몇 바보들을 제외하고는 오늘날 살아 있는 칼빈주의자가 아무도 없는 셈이다."라고 말했다(ST, 1892, p. 7).

들의 자손에게 나타내소서'(시 90:16)라고 기도했다."

"주님, 저희가 그 일을 맡아 하게 하시고, 저희 자손들에게 영광을 허락하소서. 저희로 계속 일하게 하소서. 그러면 그들이 살아서 그 영광을 볼 것입니다. 미래 세대가 그 승리를 보게 될 것입니다...하나님께 영광을 돌립니다. 승리는 확실합니다. 그때까지 계속 일하게 하옵소서."[49]

스펄전은 교회가 성령이나 그리스도의 임재 없이 성경의 문자만을 소유할 가능성이 있다는 점을 익히 알고 있었다. 단순히 성경을 아는 지식만으로는 충분하지 않다. 그는 하나님의 말씀을 믿고, 받아들이지 않고서도 거룩한 은혜의 사역이 일어날 수 있다는 생각에 조금도 동조하지 않았다. 빅토리아 시대의 교회는 성경이 보증하지 않는 것에 감명을 받아 방향을 잃고 방황했다. 하나님의 말씀에 복종하는 믿음이 없이 그리스도를 신뢰한다는 것은 헛된 망상을 신뢰하는 것과 같다. 스

---

49 MTP, vol. 60, p. 548. "시대의 오류가 옛 복음을 전하는 최후의 입까지 침묵하게 만든다면 어떻게 되겠는가? 믿음이 약해져서는 안 된다. 십자가의 군단이 힘차게 행군하는 소리가 들린다. 영원하신 하나님을 굳게 의지하고, 한순간도 낙심하지 말자."(MTP, vol. 32, p. 488). 다음 자료들도 함께 참조하라. MTP, vol. 33, p. 149; vol. 34, p. 556; vol. 38, pp. 257-8.

펄전은 교인들에게 부흥을 간절히 바라라고 가르쳤다. 그는 부흥을 확신했기 때문에 성경적인 증언이 계속 유지되어 "새로운 세대가 강력하게 일어나 교회를 정화하고, 거짓 교사들을 없애버릴" 날을 볼 수 있기를 바라는 마음으로 자기가 할 수 있는 모든 일을 다 했다.

이 책은 칼빈주의나 아르미니우스주의에 관한 책이 아니다. 이 책의 관심은 아르미니우스주의와 대척점에 있는 하이퍼 칼빈주의의 오류를 다루는 데 있다. 그러나 아르미니우스주의가 영적 부흥의 이해에 영향을 미친 방식에 관해서 만큼은 여기에서 간단하게 짚고 넘어가야 할 필요가 있을 듯하다. 우리가 부흥으로 일컫는 특별한 축복의 때는 곧 성령의 정상적인 사역이 크게 확장되는 때를 가리킨다. 성령의 정상적인 사역에 관한 교회의 이해가 잘못되면, 부흥에 관한 이해도 잘못될 수밖에 없다. 죄인들이 회심을 결심할 때마다 성령께서 그들을 회심으로 이끄시는 것이 과연 그분의 정상적인 사역일까? 사람들은 스스로 결심해 거듭날 수 있을까? 만일 이런 질문에 "그렇다"라고 대답하거나 그것이 성경이 가르치는 것이라고 이해한다면, 우리는 부흥의 때를 단지 많은 사람이 그런 선택을 내리는 때로 이해할 수밖에 없다. 그런 추론은 복음 전도와 영적 부흥의 차이를 혼동하기 시작했던 지난 세기의 그 릇된 회심 이해에 근거한 것이다. 당시에 이 둘은 똑같은 의미 로 취급되었고, 똑같은 수단을 통해 달성할 수 있는 것으로 간 주되었다. 그러나 만일 우리가 회심의 사역이 인간의 능력을 뛰어넘는 사역이고, 죽은 자에게 생명을 주는 창조적인 능력 이 필요한 사역이라고 믿는다면, 부흥의 때란 인간의 힘만으 로는 단 한 사람의 회심조차 이루어낼 수 없는 때로 정의할 수 있을 것이다. 물론, 교회는 언제든 항상 잃어버린 자들을 구원 하기 위해 힘써 노력해야 하지만, 한 명이든 수백 명이든 "자 라게 하는" 역사는 궁극적으로 하나님께 달려 있다(고전 3:6 참 조).

스펄전은 은혜의 교리에서 벗어나면 교리적 오류가 발생 할 뿐 아니라 복음 전도자들이 '부흥주의(인간의 수단과 방법을 통 해 부흥을 일으키려는 시도/역자주)'와 "말씀 선포에 능력을 부여하 고, 모든 신자에게 신령한 힘을 제공하고, 부주의한 자들을 각 성시켜 하나님께로 돌이켜 생명을 얻게 만드는 초자연적인 사 역"을 혼동하게 되는 결과를 초래할 수 있다고 생각했다.[50] 그

---

50   Only a Prayer-Meeting, pp. 12-13. "소위 '부흥'으로 일컬어지는 많은 것들이 유

는 회심에 대한 성경적인 교리를 회복하고, 하나님을 중심으로 세워야만 진정한 부흥이 이루어질 수 있다고 믿었다. 그것들이 바로 미래의 위대한 부흥들을 통해 나타나야 할 특징들이었다. 그는 그런 위대한 부흥이 일어날 때를 안다고 장담하지는 않았지만, 부활하신 그리스도께서 자신의 말씀으로 그런 역사를 이루실 것이라고 확신했다. 그는 "그의 오른손에 일곱 별이 있고 그의 입에서 좌우에 날선 검이 나오고"(계 1:16)라는 말씀을 근거로 교인들에게 그런 확신을 심어주었다.

그는 "교회가 크게 발전하려면, 하나님이 다시금 여러 장소에 온전한 진리, 오직 진리만을 선포할 나팔 같은 목소리와 뜨거운 마음을 지닌 사람들을 보내주셔야 한다. 시류에 휩쓸리거나 그것에 조금도 관심을 기울이지 않을 사람들이 필요하다. 만군의 주님이 그들과 함께하시고, 성령께서 그들에게 임할 것이기 때문에 그들은 모든 사람 앞에서 주님의 말씀과 자기가 하는 말을 굳게 지킬 것이다. 그리스도께서 손으로 일곱

익보다 해를 더 많이 끼치는 것이 참으로 우려스럽다." 스펄전의 이 말은 회심에 대한 성경적인 이해를 개인의 결심으로 대체한 방법론을 언급한 것이다. "부흥을 원한다면, 전문적인 부흥 제조자들의 책략에 의존하지 말고, 성령께 직접 나아가야 한다."(ST, 1866, p. 532). 나는 이 점을 다음의 책에서 좀 더 자세히 논의한 바 있다. Iain Murray, Revival and Revivalism: the Making and Marring of American Evangelicalism (Banner of Truth, 1994).

별을 붙들고 계신다는 사실을 깨닫기를 바란다. '주님, 주님의 손에 다시금 별들을 가득 채우소서. 주님의 말씀으로 횃불처럼 타오르는 설교자들을 통해 이 시대의 어둠을 밝혀 주님의 은혜의 영광스러움을 찬양하게 하소서.'라고 기도하라."[51]

---

51   MTP, vol. 33, p. 39.

2.
스펄전에게서 받은 인상(F. 커티스)[52]

    독신으로 살아온 나의 삶에 대한 추억을 마무리하기 전에 설교자 스펄전에 관한 나의 경험을 잠시 언급하고 싶다. 그것은 여러 가지 이유에서 내게 매우 흥미로운 경험이었다.

    내가 그의 설교를 처음 들었던 때는 1857년이었다. 당시 나는 어머니와 여동생과 몇몇 가까운 친구들과 함께 노팅힐의 "래드브로크 스퀘어"에 머물고 있었다. 그때 스펄전은 거대한 "복스홀 유리 궁전"에서 예배를 인도하고 있었고, 그곳에서 늘 만여 명의 사람들에게 말씀을 전했다.[53] 내 기억으로는 그는

---

52 스펄전의 동시대인이었던 사람이 쓴 이 생생한 글은 스펄전에 관한 이전의 책들에 소개된 적이 없었던 것으로 보인다. 저자인 커티스 부인은 자신이 개인적으로 출판한 책(Memories of a Long Life, 1912, pp. 141-7)에서 위의 내용을 언급했다.

53 수천 장의 유리와 주철로 건축된 서리 가든스의 음악당을 가리킨다. 스펄전은 1856

약 스물두 살 정도였는데 이미 명성이 자자했다. 그의 얼굴은 매우 평범했지만, 그 나이에는 내게 매력적으로 보였다. 특히 널찍한 앞이마와 멋진 검은 눈썹은 그의 얼굴을 더욱 돋보이게 했고, 얼굴의 모든 윤곽과 형태에서 강인한 인상을 풍겼다. 그 거대한 건물 안에서 그의 한줄기 목소리가 청중의 찬양을 이끌었다. 그는 양팔을 넓게 펼친 채로 찬송가책으로 박자를 맞추면서 우렁찬 청중의 목소리를 하나로 규합했고, 자신의 목소리로 손쉽게 좌중을 압도했다. 신분이 고귀한 한 외국인이 신문지에 스펄전의 회중이 부르는 찬송가를 잉글랜드에서 들어본 가장 아름다운 노랫소리라고 적었던 일이 기억난다.

그 건물 안에는 세 개의 발코니가 있었는데 모두 다 사람들로 가득했다. 우리 맞은편 발코니의 앞좌석에는 내각의 주요 인사들이 앉아 있었다. 그들은 매주 주일마다 예배에 참석했는데 영혼의 유익을 위해서라기보다는 웅변 수업을 받으러 온 것처럼 느껴졌다. 우리는 일찍 그곳에 갔지만 자리를 찾기가 어려웠다. 나는 두 시간 동안 꼬박 서 있었지만 조금도 피곤하지 않았다. 왜냐하면, 내 주위에 있는 사람들 틈에 꽉 끼어있

년 10월 19일부터 3년 동안 그곳에서 말씀을 전했다.

는 바람에 내 발에 체중이 실리지 않았기 때문이다. 설교의 주제는 기억나지 않지만, 자신이 한 재치 있는 말에 청중이 연신 웃음을 터뜨리는 것에 전혀 거부감을 느끼지 않았던 설교자의 모습은 생생하게 기억난다. 그는 그런 재치 있는 말로 엄숙할 뿐 아니라 거창하기까지 한 주제들을 다루면서도 설교를 생동감 있게 이어나갔다. 나의 마음속에 가장 깊이 남았던 인상은 설교자가 청중을 완벽하게 장악했다는 것이다. 단 한 사람도 정신을 팔지 않았고, 단 한 순간도 집중력이 흐트러지지 않았다. 스펄전이 누리는 인기는 성격이 단순하고, 정직한 사람이라면 누구라도 쉽게 버텨내지 못할 시련에 해당했다. 따라서 복음적인 견해를 지닌 한 엄격하고, 비관적인 주교가 자신의 사제에게 "저 사람을 보게나. 그가 곧 크게 추락하는 것을 보게 될 걸세."라고 말한다고 해도 조금도 놀랄 만한 일이 못 되었다. 그러나 스펄전은 추락하지 않았다. 그 이유는 그의 삶의 지배 원리였던 경건의 힘은 물론, 상식이라는 보루가 그를 지탱하고, 지켜주었기 때문이다. 더욱이 그는 가능한 빠른 시기에 올바른 배우자를 만났고, 사내의 활력을 빼앗는 여인의 감미로운 유혹을 주의 깊게 피했다. 그는 비록 헌신적인 남편이었지만 여자에게 휘둘리는 남자가 아니라 사내대장부답게 처신했다. 그는 뼛속까지 정직한 사람이었고, 필요한 경우에는 자기에게 가장 중요한 호의를 제공할 수 있는 사람들까지도 강력하게 질타하기를 주저하지 않았다. 또한, 그는 인위적인 경건의 기준을 세우지 않았다. 그는 옷차림새나 언변을 거룩함의 척도로 삼지 않고, 기독교적인 삶의 현실(진실함과 정직함 및 하나님과 인간에 대한 사랑)이 존재하는지를 살폈다. 그는 금욕주의자도 아니었고, 비범해지는 것을 목표로 삼지도 않았다. 한 비판적인 관찰자가 했던 말이 기억난다. 그는 "스펄전은 다른 사람들에 비해 조금도 나은 점이 없다. 나는 그가 매일 대형 마차를 타고 다른 사람들 사이에서 담배를 피우는 모습을 본다."라고 말했다. 아마도 그 "다른 사람들"은 그 종교적인 비평가는 보지 못했던 현실을 그에게서 발견했을 것이 분명하다.

스펄전의 신념은 그의 인쇄된 설교를 통해 널리 영향력을 떨쳤다. 그의 설교는 그와 교회적 입장이 판이한 많은 사람의 가르침에 영향을 미쳤다. 언젠가 컴벌랜드라는 한적한 지역에서 고교회 교구 목사를 한 사람 만난 적이 있는데, 그는 내게 설교를 준비할 때는 항상 스펄전의 설교를 먼저 읽는다고 말했다. 신분이 좀 낮은 계층의 사람들에게 스펄전이 어떤 영향을 미쳤는지는 나의 친구인 셰필드의 올더스 씨의 경험을 예로 들면 충분할 것으로 생각된다. 어느 날, 그는 런던에서 두 개의 주요 도로와 연결되어 있는 매우 낮은 샛길을 지나다가 과자를 좀 사려고 한 작은 식료품 가게에 들어갔다. 그는 그곳의 계산대 위에 스펄전의 지난 주 설교가 실린 인쇄물이 잔뜩 쌓여 있는 것을 보았다. 그는 그 가운데 한 부를 사서 읽고는 깊은 인상을 받았다. 그래서 다음 날에 한 부를 더 사려고 그 가게에 다시 들렀는데 이미 모든 팔리고 남은 것이 없었다. 다른 방법으로는 접근할 수 없었던 계층의 사람들에게 좋은 누룩이 많이 퍼져 영향을 미치고 있다는 명백한 증거가 아닐 수 없었다.

나는 수년 동안 스펄전의 설교를 다시 듣지 못했다. 그러다가 내가 기억하기로 1865년에 셰필드의 타운홀에서 그가 예배를 인도하며 설교를 전하는 일이 있었다. 나는 올더스 씨와 함께 그의 설교를 들으러 갔다. 그가 젊었을 때 지녔던 매력들이 모두 사라지고 없었다. 그의 모습은 상스러울 만큼 거칠었고, 몸집과 용모가 육중해 보였다. 그러나 그가 말하기 시작하자 곧 이전과 똑같은 힘이 느껴졌고, 사람 자체는 전혀 변함이 없었다. 일반 건물이었던 셰필드의 타운홀은 예배의 장소로 거의 아무런 존중도 받지 못하는 것처럼 보였다. 설교자의 단상 뒤에 있는 발코니에는 셰필드에서 가장 천박한 사람들이 운집해 있었다. 그들은 모자를 그대로 쓰고 있었고, 설교자가 모습을 드러낼 때까지 웃고, 떠들었다. 스펄전은 그런 불경스러운 무리가 빼곡하게 들어찬 발코니를 올려다보며, "본격적으로 말씀을 전하기에 앞서 그리스도인들을 위해 종교적인 예배가 진행될 때는 모자를 벗는 것이 관습이라는 점을 미리 알려드리고 싶습니다. 물론, 이 자리에 있는 유대인 친구분들은 모자를 계속 쓰고 계셔도 무방합니다."라고 말했다. 그 순간, 모든 사람이 모자를 벗었고, 나지막하게 킥킥거리는 소리가 들려왔다. 그의 유머를 이해했다는 표시였다. 올더스 씨는 "셰필드의 난잡한 무리를 움직여 모자를 벗게 만들 능력을 지닌 인간이 있으리라고는 꿈에도 생각하지 못했소."라고 말했다. 발코니에 있는 사람들은 그때부터 예의 바르게 행동했다. 그들은 자기들이 임자를 제대로 만났다는 것을 인정했다.

스펄전은 설교 도중에 다음과 같은 일화를 소개했다. "일전에 한 젊은 부자와 대화를 나눈 적이 있었습니다. 이 세상에서 누릴 수 있는 모든 좋은 것을 다 누리며 사는 그는 종교는 우울한 것이라고 주장했습니다. 그는 '당신과 같은 그리스도인들을 보면 도무지 이해가 안 됩니다. 당신들의 종교는 사람을 즐겁고, 유쾌하게 만들지 않아요. 당신들은 항상 어려움 속에서 한탄하며, 신음하며, 불평합니다.'라고 말했습니다. 나는 '내 친구여, 나와 함께 불평하는 그리스도인 가운데 한 사람을 만나러 가봅시다.'라고 말하고 나서 불도 지피지 않은 초라한 작은 방으로 데려갔습니다. 그곳의 텅 빈 벽난로 옆에 한 가난한 노파가 앉아 있었습니다. 그녀는 류머티즘을 앓기까지 하면서 고통스러운 신음을 토했습니다. 그녀는 '아, 너무나도 처참해요. 조금도 나아질 희망이 없어요.'라고 말했습니다. 나는 '친구여, 이 젊은 사람을 보세요. 그는 부자인 데다 강하고, 건강할뿐더러 세상에서 누릴 수 있는 모든 쾌락을 누리고 있지만, 하나님은 없답니다. 제게 말해보세요. 그와 바꾸고 싶나요? 그와 바꿀 겁니까?'라고 말했습니다."

청중 가운데서 크게 흐느끼는 소리가 터져 나왔다. 내 옆에 있는 건장한 남자가 눈물을 흘리고 있었다. 단 세 마디의 물음이었지만, 관절과 골수를 찔러 쪼갤 만큼 충분히 강력했다. 그 말은 절대로 잊히지 않을 것이다.

나는 그 후에는 다시 스펄전을 만나지 못했지만, 그의 인쇄된 설교를 통해 많은 도움을 받았다.

2부
하이퍼 칼빈주의 논쟁

"나는 내가 하이퍼 칼빈주의를 좇는 형제들과 서로가 믿는 것이 다르다고 생각하지 않는다. 내가 그들과 다른 점은 그들이 믿지 않는 것을 믿고 있다는 것이다. 나는 그들이 믿는 것보다 덜한 것을 주장하는 것이 아니라 그보다는 좀 더 많은 것을 믿는다. 다시 말해, 나는 성경에 계시된 진리를 그들보다 좀 더 많이 믿을 뿐이다. 우리는 교리의 기본 방위를 따라 우리의 배를 동서남북으로 움직여 나갈 수 있지만, 말씀을 좀 더 연구해보면, 네 가지 기본 방위 사이에 북서쪽이나 북동쪽 등 다양한 방위를 발견할 수 있다."

– 스펄전
(C. H. Spurgeon: The Early Years, p. 173.)

"하이퍼 칼빈주의는 문은 하나도 없고 집만 있는 것과 같고, 아르미니우스주의는 집은 없고, 온통 문만 있는 것과 같다."

– 존 던컨
[David Brown, Life of John Duncan(Edinburgh, 1872), p. 404.]

3.
논쟁의 원인과 논쟁자들

스펄전의 생애 동안 그를 언급한 말과 글이 셀 수 없이 많지만, 그의 자서전에서 그의 설교에 가해진 "첫 번째 진지한 공격"에 대해서는 비교적 아무런 관심이 없었다.[1] 잘 알려진 그의 전기 작가인 W. Y. 풀러턴은 그 사실을 몇 단락으로 간단하게 언급했고, 그것이 "색다른 읽을거리"를 제공한다고 말했다.[2] 루이스 드러먼드가 최근에 펴낸 스펄전에 관한 책은 무려 800쪽이 넘지만, 이 첫 번째 논쟁에 대해 거의 다루지 않았다. 그는 그것이 단지 "좀 더 세밀한 신학적 요점들을 둘러싼

---

1   C. H. Spurgeon's Autobiography, vol. 2, p. 35. 내가 이 책에서 인용한 내용 가운데 대부분은 두 권짜리 개정본에서도 똑같이 찾아볼 수 있다. 그 두 권의 개정본은 『찰스 스펄전: 초창기(*C. H. Spurgeon: The Early Years*)』와 『찰스 스펄전: 온전한 추수(*C. H. Spurgeon: The Full Harvest*)』다.
2   W. Y. Fullerton, C. H. Spurgeon, A Biography (London: Williams and Norgate, 1920), p. 290.

견해차"를 다루는 내용일 뿐이라고 생각했다.[3] 그런 견해들과
는 달리, 이 "첫 번째 진지한 공격"의 배후에 매우 중요한 문
제가 자리 잡고 있다는 주장이 얼마든지 제기될 수 있다. 칼
빈주의와 하이퍼 칼빈주의의 차이가 단순히 정도의 문제일 뿐
이라고 생각할 때가 너무나도 많지만, 명칭으로 인해 그 결
정적인 차이가 간과되고 있다. 후자에 붙여진 접두어 '하이퍼
(hyper-, 극단적)'는 '-의 위에, -을 넘어서'를 뜻하는 헬라어에
서 유래했다. 이 용어는 두 예배당의 천정 높이의 차이 정도
만 있다고 여겨진다. 그러나 스펄전은 "참된" 칼빈주의와 "거
짓된" 칼빈주의 사이에는 실질적인 차이가 존재한다고 주장한
다.[4] 아울러, 그는 자기가 사용하는 칼빈주의라는 용어는 16세
기 종교개혁자의 이름을 진리의 기준으로 삼겠다는 의도가 전
혀 아니라는 점도 분명하게 밝혔다. 그가 이 명칭을 사용한 이
유는 "구원이 처음부터 끝까지 은혜에서 비롯된다고 가르치는
영광스러운 진리 체계"를 가리키기 위해서였다.[5] 그는 "칼빈은
우리에게 아무것도 아니지만, 그의 가르침은 하이퍼 칼빈주의

3　Lewis A. Drummond, Spurgeon, Prince of Preachers (Grand Rapids: Kregel, 1992), p. 558.

4　NPSP, vol. 4 (London, 1959: Banner of Truth, 1964), p. 341.

5　MTP, vol. 7, p. 302.

자의 가르침과는 다르다"고 확신있게 말했다.

스펄전의 사후에 하이퍼 칼빈주의와 그의 논쟁에 관심이 거의 기울어지지 않았다는 사실은 중요한 의미를 지닌다. 다시 말해, 그때 이후로 세월이 흐르는 동안, 참된 칼빈주의가 서서히 쇠퇴했다. 하이퍼 칼빈주의가 참된 칼빈주의로부터 일탈하면서 그것이 불명료해지고 말았다. 구원이 하나님의 주권을 통해 이루어진다는 진리를 확고하게 믿는 곳마다 항상 하이퍼 칼빈주의만이 득세했다. 스펄전의 첫 번째 논쟁이 지난 100년 동안 거의 아무런 관심을 받지 못한 이유는 그 주제가 무가치해서가 아니었다. 그것은 기독교의 전체적인 교리 체계가 너무나도 크게 무시되었기 때문이다. 오늘날, 세상의 많은 곳에서 복음적인 칼빈주의가 다시 회복되고 있지만, 하이퍼 칼빈주의의 위험이 다시금 닥쳐올 가능성이 여전히 존재하기 때문에 이 옛 논쟁을 통해 배울 수 있는 교훈들을 다시 되새기는 것이 필요하다.

논쟁 자체를 본격적으로 다루기에 앞서 당시의 배경을 살펴볼 필요가 있다. 그 가운데 하나는 논쟁과 관련된 세 사람의 핵심 인물이다. 그들은 제임스 웰스와 찰스 워터스 뱅크스와 스펄전이었다. 세 사람 모두 런던 침례교회 목회자였다. 이 인물들을 간단하게 살펴보는 것에서부터 시작해 보기로 하자.

이 첫 번째 논쟁이 불거졌던 당시에 스펄전의 나이는 스무 살에 불과했다. 그가 사우스워크 뉴파크 스트리트의 템스강 남쪽 제방 근처에 모였던 역사적인 교회의 목회자로 부임한 지 고작 9개월이 지난 때였다. 1855년 1월부터 그의 설교가 매주 인쇄되기 시작했다. 1년 전만 해도 런던에 전혀 알려지지 않았던 낯선 젊은이가 이미 명성이 자자한 대단한 인물로 부상하는 중이었다. 그의 교회는 잉글랜드에 소재한 약 1,370개 침례교회 가운데 하나였다. 그 교회들은 모두 '칼빈주의자', 또는 '특별 구원론자(보편 구원과 반대되는 특별 구원을 믿는 자들)'였다.[6] 이런 교회들은 독립적인 특성이 지나치게 강했던 까닭에 1813년과 1831년에 조직된 '연합'을 대중적이거나 효과적으로 만들 수가 없었기 때문에 일반적인 의미의 교파라고 부르기가 어려웠다. 뉴파크 스트리트 교회의 경우도 10대 목회

---

6 1851년에 실시된 종교 통계 조사에 따르면 잉글랜드에 특별 구원론을 믿는 1,374개의 침례교회가 있는 것으로 드러났다. 아울러, 아르미니우스주의를 따르는 "새 교파 침례교회"와 주로 일신론을 따르는 "옛 일반 침례교"는 각각 179개와 93개 교회였다. 특별 구원론을 믿는 침례교회 가운데 대부분이 "엄격한 침례교"였다. 이 교회들은 침수 세례를 받은 그리스도인들만 정식 교인으로 인정해 성찬에 참여하도록 허용했다.

자를 초빙할 때 그 누구의 승인도 구하지 않았다.

스펄전이 특별 구원론을 따르는 침례교인으로 성장하지 않았다는 것은 잘 알려진 사실이다. G. H. 파이크는 스펄전이 런던에서 사역을 시작할 당시에는 그가 다른 교회들과 앞으로 어떤 관계를 맺게 될지 아무도 알 수 없었다고 말했다.[7] 스펄전은 1858년에 교인들에게 "나는 교단이나 교파에는 아무런 관심이 없다."라고 말했다.[8]

제임스 웰스(1803-1872)는 요즘에는 아는 사람이 거의 없지만, 1855년에는 스펄전이 개인적으로 그를 지칭할 때 '제임스 왕'으로 일컬었던 인물이었다.[9] 유명한 사람들이 흔히 그렇듯, 웰스도 별명이 여러 개였다. 한 신문은 그가 '손수레 웰스'로 알려져 있다고 말했지만, 그 이유는 밝히지 않았다. 그는 젊었을 때 런던에서 소포를 배달하는 일을 했는데, 아마도 손수레는 그가 말과 마차를 몰고 다녔던 이전 시절에 사용했던 운

---

7   G. H. Pike, Life and Work of C. H. Spurgeon, vol. 1 (London: Cassell, 1894; repr. Banner of Truth, 1991), p. 148.
8   NPSP, vol. 4, p. 344.
9   그는 1855년 1월에 아내에게 보낸 편지에서 그를 그렇게 호칭했다(Autobiography, vol. 2, p. 19).

송 수단이었던 듯하다. 뱅크스가 그를 '버러의 포수(the Borough Gunner)'로 불렀던 이유는 이해하기가 좀 더 쉽다. 템스 강 남쪽에 있었던 웰스의 교회는 버러 하이스트리트의 "서리 태버내클 교회"였다. 그곳의 설교단에서 대포 소리와 비슷한 소리가 심심치 않게 들려왔다. 그 교회의 목회자였던 웰스는 자수성가를 이루고, 독학으로 공부했던 뛰어난 재능과 넘치는 활력을 지닌 인물이었다. 그는 논쟁이 불거졌을 때 쉰한 살이었고. 30년 전에 그 교회에 부임한 이후로 템스 강 남쪽에서는 가장 큰 인기를 누린 침례교 설교자였다. 그의 교회는 두 차례나 증축했고, 교인수가 약 1,200명에 달했다. 파이크는 그를 '큰 능력을 지닌 강단의 천재', '교단에서 가장 유능한 목회자'로 일컬었다.[10] 뱅크스는 1855년에 웰스에 관해 "그는 뛰어난 재능을 지녔다. 그의 영향력은 엄청나다, 오늘날, 그가 사역자로서 이룬 성공은 유례를 찾아보기 어렵다. 그에 대한 우리의 사랑과 존경심은 진지하고, 항구적이며, 실질적이다."라고 말했다.[11] 『가스펠 스탠더드』의 한 기고가는 그를 이렇게 회상했다. "아르미니우스주의자들을 그보다 더 엄하고, 효과적으로

---

10   Pike, vol. 1, p. 147; vol. 2, p. 281.
11   Earthen Vessel and Christian Record and Review (London), 1855, p. 14.

질타한 사람은 아무도 없었다. 그는 '나는 채찍을 휘두르는 데 익숙하다. 나는 이 자유의지론자들을 채찍질해야 한다.'라고 말하곤 했다."[12] 웰스는 1872년에 세상을 떠나기 전 마지막 주일 아침에도 강단에 서서 무려 1시간 20분 동안 말씀을 전했다.

찰스 워터스 뱅크스(1806-1886)는 웰스의 친구였지만, 두 사람은 여러 면에서 서로 달랐다. 우선은 몸집 크기부터가 달랐다. 뱅크스는 키가 약 160cm 정도의 작은 체구였다. 지금까지 남아 있는 그의 사진에는 친절한 그의 성품이 얼굴에 잘 드러나 있다. "유니콘 야드 교회"에 마련된 그의 설교단에서는 우렁찬 대포 소리와 같은 것이 들려오지는 않았지만, 그도 런던의 인기 있는 설교자 가운데 하나였다. 그의 사후에 바쳐진 헌사를 읽어보면, 그가 무엇보다도 "다른 사람들에게 넓은 아량과 온유함과 친절함을 베푼 사람"으로 기억되었던 것을 알 수 있다. 뱅크스의 교회도 뉴파크 스트리트 교회처럼 사우스워크에 있었다. 스펄전보다 나이가 많은 목회자 그룹 중, 뱅크스가 최초로 그와 친분을 맺은 목회자 중 한 사람이라는 사실에서

---

12   Gospel Standard, October 1874, pp. 407-8.

뱅크시의 온유한 성품이 잘 나타났다. 파이크는 뱅크스가 "스펄전의 초창기 런던 친구"라고 말했다.[13] 당시에 스펄전은 버몬지 뉴로드에 있는 뱅크스의 집을 자주 방문했다.[14] 스펄전이 뉴파크 스트리스트에 정착했던 1854년은 런던에 '콜레라가 유행하던 해'이기도 했다. 모두가 똑같이 고통을 겪던 시절에 사역하면서 두 사람은 더욱 가까워졌다. 뱅크스 자신도 콜레라에 걸렸었다. 그는 스펄전이 병들었을 때는 병문안을 가서 서로가 결코 잊지 못할 기도의 시간을 가진 적이 있었다. "침상에서 이루어진 기도와 교제는 참으로 은혜롭고, 신성했다. 뱅크스가 기도를 마치고 일어나자, 스펄전은 앳된 얼굴 위로 눈물을 흘리며 '여기가 밧모 섬이네요!'라고 말했다."[15]

뱅크스는 많은 사역을 했지만, 그가 가장 좋아했던 것은 설교였다. 그는 넓은 지역을 돌아다니며 순회 설교를 했다. 알려진 바에 따르면, 그가 30년 동안 여행한 거리가 연평균

13 Pike, vol. p, 146.
14 Earthen Vessel, 1892, 'The Late Mi C. H. Spurgeon, Personal Recollections,' J. W. Banks, pp. 93-4.
15 Ibid., p. 93. 스펄전이 앓았던 질병은 일시적인 우울증과 심신 소모였던 것으로 보인다. "내 친구들이 하나씩 쓰러지는 것처럼 보이자 나도 내 주의에 있는 이들처럼 병을 앓는 듯한 느낌이 들었다. 조금만 더 일하고, 슬픔에 젖어 울었더라면 나도 다른 사람들처럼 쓰러지고 말았을 것이다."(Autobiography, vol. 1, p. 371).

19,200km에 달했다고 한다. 출판도 설교 못지않게 그가 좋아하던 일이었다. 그는 회심하기 이전에는 인쇄업자이자 신문 잡지업자로 일했고, 런던에서 설교를 처음 시작했던 1843년부터는 자기 집을 인쇄소와 출판사 사무실로 사용하다시피 했다. 그의 아들 존 뱅크스는 1843년 12월 1일에 『질그릇(*Earthen Vessel*)』 초판을 제시간 내에 발행하기 위해 그와 함께 밤새워 일했다고 말했다. 뱅크스는 43년 동안 이 월간지의 편집과 출판을 계속했다. 그는 1886년에 세상을 뜨기 불과 몇 시간 전까지도 "편지들, 펜, 잉크 등을 비롯해 편집자의 방에 흔히 있는 갖가지 물건들에 둘러싸인 채" 침대 위에 앉아 있었다고 한다. 뱅크스는 한 권의 잡지를 출판하는 것만으로는 성이 차지 않았다. 그는 36년 동안 『격려의 말씀(*Cheering Words*)』의 편집자로 일했을 뿐 아니라 스펄전이 그와 처음 친분을 맺었을 시기에는 그의 아들이 "최초로 발행된 1페니짜리 주간 종교지"로 믿고 있던 『크리스천 캐비닛(*Christian Cabinet*)』을 펴냈다. 뱅크스와 스펄전은 칼빈주의와 복음주의에 관한 자료를 펴내는 것에 대한 공통된 관심 때문에 더욱 가까워졌다. 스펄전이 출판물에 글을 기고한 깃은 아마도 『크리스천 캐비닛』이 처음이었던 것으로 보인다. 뱅크스의 아들 존 뱅크스는 젊은 설교자인 스펄전과 친분을 맺고 지낼 당시에 20대의 청년이었다. 그는

스펄전에 대해 이렇게 말했다. "그의 활달하고, 쾌활한 태도가 기억에 생생하다. 그는 아버지와 내가 좋아하는 잡지를 인쇄하는 동안, 인쇄기 옆에 서서 우리와 즐거운 대화를 나누었다."

그러나 처음에 그 두 사람을 더 가깝게 만들었던 출판 일은 앞으로 살펴볼 논쟁을 촉발시킨 촉매제가 되기도 했다. 월간지 『질그릇(*Earthen Vessel*)』의 구독자 7,000명은 주로 특별 구원론을 믿는 엄격한 침례교 신자들이었다. 뱅크스는 그들 가운데 뉴파크 스트리트 교회의 새로운 목회자를 우려의 눈초리로 바라보는 사람들이 있다는 것을 알고 있었다. 그는 그런 우려를 불식하고, 자신의 친구인 스펄전에 대한 존중심을 나타내기 위해 『질그릇』 1854년 12월호에 약 7쪽에 걸친 글을 게재했다. 그 기사의 제목은 "스펄전 목사의 사역에 관한 간단하고, 공정한 견해"였다. 그와 동시에 그가 그런 글을 쓴 데는 또 다른 목적이 숨겨져 있었다. 구체적으로 말해, 그는 자신의 독자들에게 "'나는 스펄전이 다른 어떤 사람 못지않게 값없는 은혜와 칼빈주의를 철저하게 신봉하고 있다고 믿는다.'라는 어떤 취재원의 말이 사실이라는 것을 기꺼이 인정하고 싶지만, 확실한 문구가 아니면 그 사실을 인정하지 않는 일부 사람들의 편견이 그가 다른 길을 걷고 있는 것처럼 보이게 한다."라고 말했다.[16] 뱅크스도 자신이 인용했던 취재원처럼 스펄전이 특별 구원론을 믿는 침례교의 입장에 좀 더 분명하게 다가올 수 있기를 바랐다. 그는 스펄전의 사역에 대해 "공정한 견해"를 드러냈다. 그는 스펄전에게 아직 미숙한 점이 있다는 것을 부인하지 않았다. 그러나 그의 글은 대체로 "전에 활기가 없던 파크 스트리트를 활기차게 만든 놀라운 성공을 가져다준 젊은 목회자"를 지지하는 내용이었다. "앞으로 그가 영적인 일들에 대한 경험이 더욱 깊어지면, 우리 가운데 많은 사람이 무덤 속에서 침묵할 때 그가 예수 그리스도의 교회 안에서 크게 쓰임을 받는 것을 보게 될 것이다."라는 것이 그의 평가의 결론이었다.[17]

서리 태버내클 교회의 '킹 제임스'는 『질그릇』 1855년 1월호를 통해 스펄전을 인정하고, 칭찬하는 말에 대해 자신의 입장을 표명했다. 웰스는 뱅크스의 말에 동의하지 않고, 새로운 목회자의 설교가 위험하고, 피상적이며, 기만적이라고 생각했

---

16   Earthen Vessel, 1854, p. 279.
17   Earthen Vessel, 1854, p. 283.

다. 스펄전의 타고난 재능은 논쟁의 여지가 없는 분명한 사실이지만, 웰스는 그가 진정으로 회심했는지를 의심했을 뿐 아니라 "사람은 자기가 모르는 것을 성공적으로 전할 수 없다."라고 경고하기까지 했다.[18] 논쟁의 시작을 알리는 신호탄이 터진 셈이었다.

이 논쟁을 좀 더 자세히 살펴보기 전에 그것이 발생한 이유에 대해 생각할 필요가 있다. 가장 단순한 이유는 나이든 설교자와 젊은 설교자의 성격상의 차이에 있었다고 할 수 있다. 뱅크스는 그 두 사람의 중간에 해당하는 연배였다. 뱅크스는 "공정한 견해"에서 그 두 설교자의 이름을 함께 언급하며 "(오랫동안 많은 연단을 받아온 우리의 지극히 사랑스러운 형제인 서리 태버내클의 제임스 웰스를 제외하면) 모든 대도시 내에서 스펄전 목사의 교회만큼 청중이 그렇게나 빼곡하게 많고, 계속해서 회중이 차고 넘치는 교회를 운영하고 있는 침례교 목회자는 아무도 없다."라고 말했다.[19] 일반 신문과 잡지도 단순한 야심을 충돌의 원인으로 파악했다. 예를 들어, 『램베스 가제트』는 이렇게 말

---

18   Earthen Vessel, 1855, p. 16.
19   Earthen Vessel, 1854, p. 277.

했다.

> "스펄전 목사는 지금 사우스워크의 스타다. 버러 로드의 웰스 목사는 지난 몇 년 동안은 선두를 달렸지만, 마침내 잘 달릴 뿐 아니라 앞으로 오랫동안 인기를 독차지할 것으로 보이는 경쟁자를 맞이하게 되었다."[20]

두 사람 사이에 적대감이 감돌고 있다는, 출처가 의심스러운 이야기들이 퍼지기 시작했다. 그런 이유는 단순하기는 해도 사실과는 거리가 멀었다. 모든 그리스도인과 마찬가지로 웰스도 성화를 온전히 이루지 못한 사람이었던 것은 분명하다. 그는 논쟁에서 불완전한 태도를 보여주었지만, 정직하고, 진실한 사람이었다는 것은 사실이다. 뱅크스는 서리 태버내클의 목회자가 스펄전의 인기가 높아지는 것을 못마땅하게 여겼다는 그릇된 비난을 구체적으로 논박했다. 스펄전이 그런 비난을 사실로 믿었다는 것을 보여주는 증거도 전혀 없기는 마찬가지다. 존 뱅크스는 이렇게 말했다. "두 사람은 공통점은

---

20 Lambeth Gazette, 1 September 1855, 다음의 책에서 인용했다. Autobiography, vol. 2, pp. 56–7.

그렇게 많지 않았지만,[21] 스펄전 씨는 항상 고인이 된 제임스 웰스를 크게 존중했다. 나는 그가 뉴파크 스트리트 교회의 강단에서 '나는 웰스 목사님을 그리스도 안에서 형제로서 사랑합니다.'라고 말한 것을 기억한다. 그의 이런 태도는 웰스가 세상을 뜰 때까지 변하지 않았다."라고 말했다.[22]

논쟁의 근본적인 이유는 웰스가 자기가 런던에서 25년 이상 주장해온 칼빈주의를 유일한 참된 칼빈주의로 진지하게 믿었기 때문이었다. 그는 존 길과 윌리엄 헌팅턴과 같은 사람들을 통해 변형되어 전해 내려온 칼빈주의가 부분적으로 정통에서 벗어난 것이 아닌지 의심하는 사람들이 있었다는 것을 모르지 않았지만, 그는 그런 문제에 대해 전혀 공감을 느끼지 못했다. 그는 자기가 믿는 칼빈주의에서 벗어나는 것은 곧 성경에서 벗어나는 것이라고 굳게 확신했다. 그는 스펄전이 설교한 대로 만민이 그리스도를 믿도록 부르심을 받았다면 그것은 '풀러주의', 곧 앤드류 풀러와 그의 "잡종 칼빈주의자" 친구들이 18세기 말에 침례교인들 가운데 퍼뜨린 오류에 해당한

---

21 다음의 자료를 참조하라. Williams, Personal Reminiscences, p. 61.
22 Earthen Vessel, 1892, p. 92.

다고 생각했다. 그리스도께서는 선택받은 자들의 구원자이시기 때문에, 그분을 믿는 것은 선택받지 못한 사람들의 의무가 될 수 없었다. 선택받지 못한 자들에게는 구원이 제공되지 않았다. 이와 반대되는 주장을 펴는 것은 소위 '의무–신앙(믿음이 복음을 들은 모든 사람의 의무라는 주장/역자주)'의 오류로 낙인찍혔다. 웰스의 지지자들은 그가 "'의무–신앙'의 체계를 무너뜨려 그 쓰레기를 수레에 실어 치워버리기 위해" 하나님의 보내심을 받았다고 생각했다.[23]

스펄전은 런던 남부 지역에서 처음 사역을 시작했을 때부터 침례교회들 안에서 자기가 믿는 것과 다른 형태의 칼빈주의가 성행하고 있다는 사실을 인지했다. 그는 1853년 12월에 자기 아버지에게 보낸 편지에서 "런던 사람들은 칼빈주의에 저보다 좀 더 극단적입니다. 그러나 저는 한 교회를 제 견해에 맞추는 데 성공했습니다. 하나님이 도우시면 또 하나의 교회도 그렇게 할 수 있으리라 믿습니다. 저는 칼빈주의자이고, 누군가가 '영광스러운 칼빈주의'로 일컫은 것은 사랑하지만, '극단주의'

---

23   Pike, vol. 2, p. 28. 『질그릇』에 실린 한 저자의 글을 인용한 내용이다.

는 너무 지나쳐 제 취향에는 맞지 않습니다."라고 말했다.[24]

A. C. 언더우드가 저술한 유명한 침례교 역사서는 스펄전의 첫 번째 논쟁이 불거진 이유가 칼빈주의에서 벗어난 데 있었다고 말했지만, 이것은 사건의 본질을 크게 오해한 것이다. 이 현대 침례교 역사가는 "스펄전은 옛 칼빈주의 표현들을 종종 입에 올렸지만, 그의 말에서는 참된 칼빈주의적 의미가 사라지고 없었다. 이것은 그가 런던에서 사역을 시작하자마자 순전한 칼빈주의에서 벗어난 적이 한 번도 없는 사람들이 그를 공격했던 이유를 잘 설명해준다."라고 말했다.[25]

칼빈주의와 하이퍼 칼빈주의의 차이를 전혀 알지 못하는 사람들이 대개 이런 식으로 말한다. 하지만 올바르게 설명하자면, 스펄전은 스무 살의 나이에 이미 웰스를 비롯한 다른 사람들의 신학이 오히려 새로운 혁신에 해당한다는 것을 파악할 정도로 복음주의의 역사를 충분히 잘 알고 있었다. 그의 지식

---

24   Autobiography, vol. 1, p. 342.
25   A. C. Underwood, A History of the English Baptists (London: Baptist Union Publications Dept., 1947), p. 204. 성경적 교리에 영향을 미치는 모든 문제에 관한 언더우드의 설명은 신뢰하기 어렵다.

은 그의 교파적 배경, 곧 칼빈주의를 따르는 18세기 침례교인들 사이에서 발흥한, 하이퍼 칼빈주의에 영향을 받지 않았던 회중 교회들의 가르침을 통해 부분적으로 형성되었다. 스펄전은 침례교와 합류한 직후 하이퍼 칼빈주의와 마주했고, 그것이 복음주의에 해로운 영향을 미쳤다는 증거를 발견했다. 그가 워터비치에서 목회할 때 한 청중이 그를 '풀러주의자'로 불렀다.[26] 스펄전은 자신의 첫 번째 목회지에서 처음 설교를 전하면서 그런 비판적인 분위기를 의식하고, "아버지께서 내게 주시는 자는 다 내게로 올 것이요 내게 오는 자는 내가 결코 내쫓지 아니하리라"(요 6:37)라는 말씀을 전했다. 그는 "본문의 말씀은 '극단론자들'부터 '원시주의자(성결 운동을 추구했던 원시 감리교를 지칭하는 말/역자주)'에게 이르기까지 모두에게 적합하다."라는 말로 본문에 대한 설교를 시작했다. 그는 이 설교를 작성하고 나서 그 마지막에 개인적인 생각을 다음과 같이 글로 적어 남겨 놓았다.

"'내게 오는 자는 내가 결코 내쫓지 아니하리라'라는 말씀을 읽고, 쓰고, 인쇄하고, 외쳐라. 위대한 구원자시여, 이 성경 말씀을 허락해주셔

---

26   Autobiography, vol. 1, p. 256.

서 감사합니다. 많은 사람이 주님께 나아와서 영생을 발견하도록 이 말씀을 힘써 전하도록 도와주소서."[27]

스펄전은 일찍부터 청교도의 책들을 읽으면서 그들이 하이 퍼 칼빈주의가 주장하는 신념들을 지지하지 않는다는 확신에 도달했다. 그는 "모든 청교도가 나와 생각이 같다. 단 한 명의 예외도 없이 그들 전부가 그렇다."라고 말했다.[28] 그는 풀러가 1787년에 제기했던 "금세기 이전의 뛰어난 저술가들 가운데 영혼이 구원받기 위해 주 예수 그리스도를 믿는 것이 모든 사 람의 의무라는 것을 부인했던 사람은 단 한 사람도 없었다."라 는 주장은 옳다고 생각했다.[29] 이른바 '풀러주의'는 종교개혁자

---

27 Autobiography, vol. 1, pp. 225–6.

28 MTP, vol. 7, p. 148.

29 다음의 책에서 발견되는 내용이다. Andrew Fuller, Defence of a Treatise Entitled the Gospel Worthy of All Acceptation. 모리스는 풀러의 이 글을 자신의 책에서 인용했 다. J. W. Morris, Memoirs (London, 1816), p. 263. 스펄전은 풀러를 "하나님의 사 람"으로 일컬었지만(MTP, vol. 13, p. 719), 윌리엄 개스비는 그를 "하나님의 교회 가 지금까지 겪어온 원수 중에 가장 큰 원수"로 일컬으며 "그의 속마음은 양의 털 로 너무나도 잘 위장되어 있다."라고 덧붙였다[W. Gadsby, Works, vol. 1 (London, 1851), p. 27]. 개스비의 이 말을 인용한 내용이 다음의 자료에서 발견된다. R. W. Oliver, 'The Significance of Strict Baptist Attitudes Towards Duty Faith in the Nineteenth Century,' Strict Baptist Historical Society Bulletin, No. 20, 1993. 스펄전과 풀러가 올바른 주장을 펼쳤다는 것을 뒷받침하는 증거로는 "도르트 신조 (1619)"를 살펴보는 것만으로 충분하다. 거기에 보면 다음과 같은 내용이 발견된다. "복음의 부름을 받는 자는 누구나 진정으로 부름을 받는다. 하나님은 자신의 말씀으 로 더없이 간절하고도 진실하게 자기가 기뻐하는 것(부름을 받은 모든 사람이 그 부 름에 응하는 것)을 선언하셨다. 더욱이 그분은 자기에게 나와 자기를 믿는 모든 자

들과 청교도는 물론, 특히 성경 자체에서 발견되는 강조점을 무시하지는 않았다.

스펄전은 위에서 인용한 편지에서 비교적 편안한 마음으로 자기 아버지에게 말했지만, 웰스와 마찬가지로 심각한 사안이리는 점을 직감하고 있었다. 사실, 1855년에 시작된 논쟁은 당연한 결과였다. 왜냐하면, 조만간 누군가가 하이퍼 칼빈주의가 '순전한' 칼빈주의인지를 따져 물을 것이 확실했기 때문이다. 아무튼 '공정한 견해'를 게재한 뱅크스는 격렬한 논쟁을 일으킬 의도가 전혀 없었지만, 웰스가 그의 글과 스펄전이 "우리 시대의 진리의 사역자들이 오랫동안 무심코 지나쳐 온 것"을 강조하고 있다는 내용을 읽는 순간,[30] 큰 소동이 일어날 수밖에 없었다.

에게 영생과 안식을 진지하게 약속하신다. 말씀의 사역을 통해 부름을 받은 자들이 나와서 회개하기를 거절하는 것은 복음으로 사람들을 불러 다양한 은사를 베푸시는 하나님이나 복음이나 그리스도의 잘못이 아니다. 그 잘못은 그들 자신에게 있다."[Philip Schaff, A History of the Creeds of Christendom, (London, 1878), vol. 1, p. 522].

30 Earthen Vessel, 1854, p. 277.

4.
스펄전에 대한 비판

1855년에 시작된 논쟁에 관한 정보는 주로 뱅크스가 펴낸 월간지 『질그릇』과 스펄전이 펴낸 설교집을 통해 알 수 있다. 스펄전에 대한 비판을 파악하려면 『질그릇』을 살펴봐야 하고, 그의 반대 변론을 파악하려면 『뉴파크 스트리트 강단(*New Park Street Pulpit*)』을 비롯해 그가 펴낸 다른 저서들을 살펴봐야 한다.[31]

제임스 웰스는 스펄전에 대한 뱅크스의 '공정한 견해'에 대해 '욥'이라는 가명을 사용해 자신의 견해를 피력했다. 서리 태

---

31 웰스의 설교도 그 문제를 다루었을 것이 분명하지만, 그의 설교를 매주 출판하기 시작한 것은 1859년부터였다.

버내클 교회의 목회자인 그는 오랫동안 자신의 이름을 밝히지 않고서 『질그릇』에 글을 기고했다. 그는 수년에 걸쳐 '데오빌로'라는 가명으로 교리적인 주제를 다룬 글을 70편 이상을 기고했고. 그 외에도 다른 가명들을 사용해 뱅크스에게 다양한 글들을 제공했다. 아마도 스펄전은 물론, 런던 남부 지역 사람들도 모두 '욥'이라는 이름으로 올라온 글이 웰스의 글이라는 것을 익히 짐작했을 것이다. 뱅크스는 그 글의 강도에 깜짝 놀랐을 것이 틀림없다. 웰스는 오랜 친구이자 동료였기 때문에 그의 글을 인쇄해 게재하지 않는다는 것은 생각할 수조차 없는 일이었을 것이다. 뱅크스는 그의 판단을 존중했다. 또한, 어떤 문제를 다루든 한쪽 편 이상의 글을 인쇄해 게재하는 것이 그의 방침이었다. 웰스는 스펄전 문제를 진지하게 받아들였다. 그는 스펄전에 대한 뱅크스의 칭찬을 그가 오랫동안 지원을 부탁해온 월간지의 방향이 그릇된 쪽으로 바뀌는 징후로 간주했다. 그는 1855년 1월에 출판된 글을 통해 많은 사람이 그 월간지의 미래를 우려하고 있다고 경고했다.

"만일 『질그릇』이 주인을 바꿀 생각이라면, 당장 그렇게 하라. 예루살렘에 사는 사람들은 그것과의 관계를 청산할 것이다…만일 그것이 뜨겁거나 차지 않고 미지근하면, 우리의 입에서 내치거나 다시는 그 이름을 우리의 입에 올리지 않을 것이다."[32]

뱅크스는 그런 질책의 글만 게재하지 않고 편집자의 설명을 덧붙였다. 그는 "여러 진영에서 제기된 많은 의문에" 반응하기 위해 스펄전에 대한 자신의 평가를 첨부했다고 밝혔다. 그는 스펄전의 후원도 구하지 않았고, "『질그릇』을 내치겠다는" 형제 욥의 위협에도 겁먹지 않았다. 그는 스펄전을 지지하는 말과 비판하는 말을 많이 청취하고 나서 기도하는 마음으로 직접 찾아가서 그의 말을 들어보았고, 그렇게 함으로써 축복을 받았다고 독자들에게 말했다. "따라서 우리는 하나님, 곧 우리 하나님이 그를 시온의 성벽에 세워 수많은 불쌍한 죄인들에게 진정으로 좋은 것을 베푸는 도구로 유익하게 사용하시기를 희망한다. 만일 우리가 실수를 저질렀다면, 선하신 주님이 용서해주시기를 바란다."[33]

뱅크스는 1855년 후반에 "주의 깊게 생각해야 할 복음 사

---

32 Earthen Vessel, 1855, p. 13.
33 Earthen Vessel, 1855, p. 17.

역"이라는 제목으로 스펄전의 『뉴파크 스트리트 강단』을 논평한 세 편의 기사를 게재했다. 그가 이 기사들을 통해 가장 먼저 "하늘에서 왔고, 하나님에게서 비롯된 사역의 증거"가 무엇인지를 보여주고자 했다. 그는 생명을 주는 것이 가장 큰 증거이고, 그런 증거가 뉴파크 스트리트의 설교자의 사역에서 발견된다고 주장했다. 그는 자신의 취재원들 가운데 반대 의견을 주장하는 사람들이 많다는 사실을 기꺼이 인정했다. 그들의 견해에 따르면, 스펄전의 사역은 "아르미니우스주의 사상에 깊이 오염된 잡스러운 사역"에 지나지 않았다.[34] 뱅크스는 그런 견해가 과연 진실한지를 따졌다. 그의 확신은 더욱 확고해졌다.

> "'사역자는 그리스도와 그리스도인의 영혼을 결혼시키는 중매인의 직임을 수행한다.'라는 리처드 십스의 견해는 매우 훌륭하다. 우리의 생각을 분명하게 말한다면, 우리는 스펄전의 사역이 성령의 손길을 통해 영혼들을 예수 그리스도께로 인도하는 중매인의 역할을 하기를 바란다. 우리는 그가 앞으로 살아남아 중매인의 역할을 한다면 우리의 모든 교회가 차츰 왕성해질 것이라는 인상을 받는다. 전능하신 하

---

34 Earthen Vessel, 1855, p. 241.

나님이 우리로 참된 선지자가 되게 해주시기를 바란다. 우리는 잔인한 취재원들에게 『질그릇』을 향해 '총을 쏴라, 그것을 잘라내고, 던져버리고, 단죄하라. 너희가 아무리 그렇게 해도 우리에게 조금도 해를 끼치지 못할 것이다. 주님의 성전이 건설되고 있는 중이다.'라고 말할 것이다...

스펄전의 사역 가운데서는 하나님에 대한 사랑과 그리스도 안에서 느끼는 황홀한 기쁨과 성령의 강력한 기름부음이 거침없이 뿜어져 나올 때가 많다. 따라서 우리는 하나님이 진실로 그의 안에 존재하신다고 믿는다. 우리는 이것이 우리의 깊은 확신이라는 것을 고백한다. 우리는 그런 확신을 숨길 생각이 전혀 없다. 우리가 그래야 할 이유가 무엇인가? 많은 사람이 우리를 비판할 테지만, 누가 우리를 버리든, 어떤 대가를 치르든 상관없다. 비록 이 설교들 안에서 우리를 당혹하게 하는 내용, 혹자는 모순으로 생각할 내용이 발견되더라도, 우리는 여전히 설교자의 마음속에 성삼위 하나님의 생명과 사랑이 거하고 있음을 보여주는 강력한 증거들이 나타나고 있다는 사실을 인정하지 않을 수 없다."[35]

뱅크스는 진정한 어려움에 봉착했다. 그는 영적인 직관으

---

35   Earthen Vessel, 1855, pp. 202-3.

로 하나님이 뉴파크 스트리트에서 이루어지는 사역을 축복하고 계신다고 직감했다. 그분의 도구로 사용되는 설교자를 사랑했지만, 그가 언급한 '모순'이 특별 구원론을 믿는 많은 침례교 신자들 사이에서 칼빈주의를 이탈한 징후로 간주되고 있다는 사실을 부인하기가 어려웠다. 더욱이 뱅크스는 스펄전과의 개인적인 친분 때문에 유명한 젊은 설교자와의 교분을 통해 얻을 수 있는 더 큰 이익을 은근히 바라고 있다고 일부 사람들이 수군거리기도 했다. 두 사람은 다른 일들과 마찬가지로 인쇄와 출판 일에서도 지속적인 협력자가 될 수 있었다. 훗날 뱅크스의 아들은 이 점을 언급하며, "만일 세속적인 목표를 이루는 것이 아버지의 주된 목적이었다면, 절호의 기회가 주어진 셈이었다."라고 말했다.[36] 그러나 뱅크스는 자기 이익을 추구하는 사람이 아니었다. 그는 '의무–신앙'이 오류라고 생각했다. 그는 그 점에 대해서는 스펄전을 지지하지 않았다. 그가 논쟁의 와중에서 스펄전이 친구이자 동맹자로 대우받을 자격이 있다는 것을 보증하기 위해 스펄전이 전하는 설교 안에 "보배로운 복음"이 충분히 담겨져 있다는 것을 입증하려고 열심히 노력했다.

---

36   Earthen Vessel, 1892, p. 93.

한편, 웰스로서는 스펄전의 '모순'이 너무나도 심각했기 때문에 그런 태도를 용납하기가 어려웠다. 웰스는 자신이 스펄전 쪽 사람들을 **빼앗아오는** 것보다는 그가 자기 쪽 사람들을 **빼앗아갈** 가능성이 크다고 판단했다. 그는 1855년 1월에 갈등이 처음 불거진 이후에도 계속해서 가명으로 뱅크스를 위해 글을 기고했다. 그는 스펄전이라는 이름을 구체적으로 밝히지 않은 채로 주된 쟁점을 거듭해서 다루었다. 그는 "수많은 그리스도인이...그리스도를 믿어 구원받는 것이 인간의 의무이며, 사람들이 그리스도를 믿는 구원 신앙을 지니지 못한 까닭에 정죄를 받는다고 주장하고 있는" 사실을 개탄스럽게 여겼고,[37] 또 다른 글에서는 "나는 '의무 신앙이라는 교리'를 바울이 말한 배설물 위에 내던지겠다."라고 말했다.[38] 한동안 그런 말들이 논란이 되지는 않았지만, 1857년 1월호에서는 그렇지가 않았다. 논란이 촉발된 계기는 전에 웰스의 교회에 다녔던 T. W. 메드허스트라는 젊은이가 기고한 글이었다. 그는 웰스의 설교를 들으면서도 세속적인 삶을 사는 것을 멈추지 않았다. 그는 주일에는 서리 태버내클 교회에 나갔고, 주중에는 극장에 다

---

37 Earthen Vessel, 1855, p. 28. 웰스는 이 글을 쓰면서 '작은 자'라는 가명을 사용했다.
38 Earthen Vessel, 1856, p. 57.

니며 즐겼다. 파이크는 그 모든 것이 어떻게 바뀌게 되었는지를 다음과 같이 설명했다.

"메드허스트는 뉴파크 스트리트 교회의 설교자(스펄전)가 전하는 설교가 듣고 싶어졌다. 그러나 처음에는 제임스 웰스와 같은 믿음이 건전한 설교자를 버리고, 한갓 스펄전과 같은 아르미니우스주의자의 설교를 듣는다는 것이 몹시 두렵게 느껴졌다. 그것은 성도들의 모임을 떠나 사람들에게 떡 대신 돌을 주는 모험가의 말을 들으려는 것과 같았다...그 설교는 호세아 6장 3절('그러므로 우리가 여호와를 알자 힘써 여호와를 알자')에 근거한 감동적인 설교였다. 결국 스펄전이 아르미니우스주의자가 아니라는 사실이 명백하게 드러났다. 그의 설교는 너무나도 깊은 인상을 심어주었기 때문에 그 젊은 상인은 극장에 다니는 것을 중단했을 뿐 아니라 자신이 '완전히 파괴되어 망가진 타락한 죄인'이라는 사실을 절실히 깨닫게 되었다."[39]

---

[39] Pike, vol. 2, p. 229. 메드허스트의 회심에 관해 좀 더 상세하게 알고 싶으면 파이크가 1877년에 『검과 흙손』에 기고한 글을 참조하라(pp. 9-15). 그에게 결정적인 확신을 심어준 스펄전의 설교는 "내게 오는 자는 내가 결코 내쫓지 아니하리라"(요 6:37)라는 말씀에 관한 설교였다. "그는 '내가 선택받은 자 가운데 하나일까?'라는 물음에 대답하려는 잘못(웰스의 가르침으로 인한 영향)을 인정하고, 그리스도를 온전히 믿는 자들이 선택받은 자라는 것을 알게 되었다." 메드허스트에 관해서는 다음의 자료를 참조하라. Letters of Charles Haddon Spurgeon (Banner of truth, 1992).

메드허스트는 『질그릇』에 기고한 글에서는 그런 사실을 전혀 언급하지 않고, 그 대신 다음과 같이 아무런 꾸임이 없는 순수한 물음을 제기했다.

"의무-신앙에 관해 이런 소란과 비난이 이는 이유가 대체 무엇일까? 왜 우리는 다투고, 싸우는 것을 멈추지 않고, 설교자들을 하나님과 그들의 양심에 맡겨둔 채 우리 자신의 잘못을 고치는 데만 힘쓰며, 우리 자신이 완전해질 때까지 다른 사람들을 가만히 놔두지 않는 것일까? 의무-신앙, 그것이 무엇인가? 어떤 사람은 '오, 그것은 요즘 목회자들의 절반을 두렵게 하는 추악한 마귀다.'라고 말한다. 글쎄, 과연 그런지 잠시 살펴보자. 의무-신앙은 '믿으면 구원받고, 믿지 않으면 정죄받는다.'라고 말한다. 그 소리가 아무리 거칠게 들릴지라도 참으로 놀랍게도 옛 책의 말씀(막 16:16)과 너무나도 똑같다. 의무-신앙아, 네가 만일 하나님께 속했다면 굳게 설 테고, 사람에게 속했다면 무너질 터이니 우리는 너를 가만히 놔둘 것이다."

메드허스트는 이 글의 후반부에서도 계속해서 구원 신앙을 "하나님에게서 비롯된 원리"로 묘사하며 "그것은 시체 속으로 들어가서 생명을 가지고 나오게 만드는 강력한 능력이 아닐 수 없다."라고 말했다. 그러나 그의 말에 이미 귀를 닫은 자들이 많았다. 뱅크스도 메드허스트가 불러일으킨 경각심에 깜짝 놀랐던 것으로 보인다. 그는 공개적인 논의를 허용하는 자신의 방책에 충실하기 위해 1857년 2월호에 메드허스트를 반박하는 글을 게재했다. 그 글의 서두에는 "지난달에 메드허스트의 편지를 게재한 것이 논란을 불러일으킬 줄은 꿈에도 생각하지 못했다…우리는 교회 안에 평화가 정착되는 것을 목표로 삼지만, 안타깝게도 거의 절망에 빠지고 말았다."라는 내용이 적혀 있었다.

메드허스트의 글에 대답한 한 취재원은 그가 주저하는 듯한 태도로 쓴 글이 마치 신앙이 의무인지를 따져 묻는 공개적인 질문이라도 되는 것처럼 강하게 논박했다. 그는 우리가 죄와 허물로 죽은 자들을 열심히 권고해 그리스도를 믿게 할 수 있다면, 그들이 지니고 있지 않은 능력을 그들에게 돌리는 것이기 때문에 그리스도를 믿는 구원 신앙은 죄인들의 의무가 될 수 없다고 쏘아붙였다. 그는 의무–신앙을 전하는 것이 교회에 엄청난 해를 끼쳤다고 생각했다. 그는 "사람들에게 무차별적으로 믿으면 구원받는다고 말하고, 권고하는 것"은 마가복음 16장 16절을 오용하는 것이라고 지적했다. 그는 그 성경 구절이 설교자가 "선언적으로" 가르쳐야 할 것, 곧 그리스도를 믿

는 것이 구원의 증거라는 것을 보여주는 기능을 할 뿐이라고 역설했다.[40]

스펄전의 이름은 언급되지 않았지만, 이 논쟁은 뱅크스가 1857년 5월호에 브라이튼의 침례교 목사였던 조지프 윌킨스와 제임스 웰스 사이에 오간 서신을 게재하면서 다시 불거졌다. 웰스는 윌킨스의 설교 초청을 수락했지만, 그가 "스펄전과 친밀한 교분을 맺고 있다"는 말을 듣자마자 수락을 철회했다. 웰스가 윌킨스에게 보낸 두 통의 편지와 윌킨스가 웰스에게 보낸 한 통의 편지가 그 편지들을 제공한 취재원의 물음("웰스 씨가 옳은가요, 아니면 그른가요?")과 함께 인쇄되어 출판되었다. 웰스가 윌킨스에게 보낸 두 통의 편지는 스펄전의 사역을 반대하는 주된 이유를 제시했다. 스펄전의 복음은 "모순적"이라는 것이다. 왜냐하면 그는 인간의 본성이 부패했다고 가르치면서도 청중을 향해 무차별적으로 그리스도를 믿으라고 권유하기 때문이다(의무-신앙). 또한 그는 행위의 교리를 전한다는 것이다. 그러나 죄에 사로잡혀 죽은 자들은 믿음을 발휘할 수 없다.

---

40   Earthen Vessel, 1857, p. 32.

"의무-신앙보다 교회 안에서 중요한 복음의 진리들을 더 은밀하게 파괴하는 교리는 존재하지 않는다. 이 교리를 통해 그토록 많은 사람이 회심했다니 그런 회심은 과연 어떤 회심일까?...이런 말들이 스펄전을 암시하는 말처럼 들리는 것 같아서 몹시 유감스럽다...만일 그가 진리 안에서 정직했다면, 나는 그에게 다른 누구보다도 더 큰 애착을 느꼈을 것이다. 그러나 그렇지가 않아 몹시 슬프다. 이런 현실을 바꿀 수 있는 분은 오직 주님뿐이다."[41]

뱅크스는 다음 호에서는 "제임스 웰스와 스펄전"라는 제목으로 "이 주제를 다룬 많은 편지를 가려내 고르는 일이 우리로서는 가장 어려운 일이다."라고 토로했다. 그는 "웰스를 스펄전의 적으로 생각하는" 독자들이 "그렇지 않다."라는 것을 알게 하려고 애썼다. 그는 자기가 가려서 골라낸 편지들을 양측으로 나눠 거의 똑같은 공간을 할애해 게재했다.

웰스는 1857년 7월호에 그 공간에 자신의 긴 편지를 게재해 스펄전이 출판한 설교들을 통해 그가 '의무-신앙'의 전파자라는 사실을 입증하는 일이 그다지 어렵지 않은 일이라는 것

---

41   Earthen Vessel, 1857, p. 110.

을 보여주었다. 그가 스펄전을 논박한 내용 가운데는 다음과 같은 내용이 포함되어 있었다. "'내가 선택을 받지 못했을까 봐 두렵다.' 오, 사랑하는 영혼들이여, 그대들은 그럴까 봐 고민하지 말라. 그대들이 그리스도를 믿는다면, 선택받은 것이다. 오늘 밤, 가진 것이 아무것도 없어도 예수님의 긍휼에 자신을 맡기고, 그것을 구하기만 하면 긍휼을 얻게 될 것이다."

웰스는 "이런 말을 내가 어떻게 이해해야 할까?"라고 묻고, "그런 말로 선택을 조용히 한쪽으로 제쳐놓고, 모든 문제를 피조물에게 맡기지 말라...이런 식의 말은 내가 듣기에는 살아 계신 하나님의 진리보다 피조물의 능력을 더 신뢰하는 것처럼 들린다."라고 덧붙였다.[42]

1857년 9월이 되자 뱅크스의 책상 위에는 웰스가 스펄전에 대해 쓴 글에 항의하는 편지들이 수북하게 쌓였다. 그는 그 가운데 단 한 통의 편지만을 인쇄해 게재했다. 편지 작성자는 웰스의 말이 스펄전의 설교를 들어보지 못한 사람들에게 영향을 미쳐 "그릇된 편견으로 그를 매우 강하게 거부하도록" 유도

---

42   Earthen Vessel, 1857, p. 155.

한다는 불만을 토로하면서 "웰스는 훌륭한 설교자이지만, 스펄전에 관해서는 잘못 말했다고 확신한다. 나는 지난 화요일에 웰링버러에서 스펄전의 설교를 두 차례 들었다. 나는 웰스에게 이보다 더 복음의 진리로 가득 차 있는 설교나 '기만적인 웅변술'로부터 더 자유로운 설교를 런던 안에서나 그 밖에서 들어본 적이 없다고 기꺼이 말할 준비가 되어 있다."라고 덧붙였다.

출판되지 않은 일부 편지는 덜 온건한 내용이었을 것이다. 뱅크스가 인용한 대로, 어떤 편지는 『질그릇』을 "웰스의 도구"로 일컬었다. 뱅크스는 편지를 보낸 사람들 모두에게 긴 답장을 보냈다. 그는 "때로는 웰스가 지금까지와는 다르게 써주기를 바라는 마음이 간절했다."라고 고백하기도 했다. 하지만, 오랫동안 서리 태버내클의 목회자로 일해 온 그가 그리스도인들로부터 존중을 받아야 한다고 확신했고, "웰스가 스펄전의 사역을 시험하고, 조사하는 이유는 시온의 유익을 위해서라고 믿었다."[43] 뱅크스는 대다수 사람이 의무-신앙을 오류로 생각하는 가운데서 그리스도인이자 복회자로 살아가는 자신의 상

---

43   Earthen Vessel, 1857, pp. 198-9.

황이 그리 녹록하지 않다고 느꼈다. 이미 말한 대로, 교리적 측면에서 그는 웰스의 견해에 동의했고, 1857년 9월호에서 또 다른 목회자가 기고한 글을 펴낸 것도 순전히 그의 신념에 따른 행동이었다. 그 목회자는 그 편지에서 세 가지를 입증하려고 노력했다.

> "1) 의무-신앙은 하나님을 욕되게 한다. 그리스도를 믿어 구원을 얻는 것이 인간의 의무라고 설교하는 것은 터무니없다. 은혜 안에 있는 어린아이가 더 잘 안다...2) 의무-신앙은 죄인에게 그 자신 안에서 죄에 대한 치유책을 찾게끔 종용한다...3) 의무-신앙은 오도하고, 속이는 데 적합하다."[44]

그러나 뱅크스는 스펄전에 대한 웰스의 평가에는 동조하지 않았다. 그는 편지를 보내온 일부 사람들이 웰스에게 보인 태도는 못마땅해 했지만, 1854년에 스펄전에 대해 쓴 칭찬의 말을 되풀이했다. 그리고 자신이 서리 태버내클의 목회자보다 그의 사역을 더 잘 판단할 수 있는 위치에 있다고 믿었다. 뱅크스는 자신의 독자들에게 스펄전이 병들었을 때 침상에 누운

---

44   Earthen Vessel, 1857, p. 208.

그를 찾아갔던 일을 말했고, 그가 "지극히 탁월한 은혜의 교리를 가장 포괄적이고 열성적으로 주장하는 것"을 들었다고 증언했다. 그뿐 아니라 "그런 일들에 관해서는 아마도 스펄전의 설교를 듣거나 그를 직접 만나본 적이 없는 웰스보다는 우리가 더 유리한 위치에 있다."라고 덧붙였다.[45]

그 후에 논쟁은 한동안 잦아들었다. 그러다가 1858년에 웰스가 생각을 바꿔 스펄전에게 설교를 부탁했다는 소문이 돌기 시작했다. 한 독자는 크게 기뻐하면서 『질그릇』에 다음과 같은 글을 써 보냈다. "웰스가 다른 견해를 취할 것으로 보이니 참 기쁩니다...편집자가 옳았고, 웰스는 틀렸던 것 같습니다. 뉴파크 스트리트 교회의 목회자에 대한 편집자의 처음 견해가 옳았습니다." 그러나 소문은 단지 소문일 뿐이었다. 그 후의 사건들을 통해 나타난 대로, 뱅크스가 편집자 논평에서 그 사실을 의심했던 것이 옳았음이 명백하게 드러났다. 그는 자신들의 진영 안에서 더 이상 스펄전을 볼 수 있을 것 같지가 않았다. "우리는 처음부터 스펄전이 어떤 진영에도 참여하지 않고 기존 교난의 시노사들과도 긴밀한 관계를 맺지 않기로 결

---

45   Earthen Vessel, 1857, p. 199.

정했다고 생각한다. 그는 어떤 일과 관련해서는 자기가 그들과 생각이 다르다는 것을 알고 있었다."[46]

1859년 말경에 또다시 웰스의 글을 통해 논쟁이 되살아났고, 더 크게 확대되었다. 그는 이전에는 스펄전이 하나님의 주권에 대해 불만족스러운 견해를 지녔다고 비판하는 데 그쳤지만, 이제는 『질그릇』에 연속으로 보낸 편지에서 신적 주권이라는 주제 전체를 다루기 시작했다. 그의 글은 강한 반발을 불러일으켰고, 뱅크스는 그 항의 편지를 1859년 12월호에 게재했다. 항의 편지의 작성자는 웰스가 하나님의 사랑을 축소함으로써 그분이 죄인들을 향해 영원하고 주권적인 증오심을 품고 계신다고 가르치는 "큰 잘못"을 저질렀다고 지적했다. 뱅크스는 이 항의 편지를 해설하며 웰스가 그의 말로 많은 사람을 놀라게 했다면서 다음과 같이 덧붙였다. "우리는 그의 말이 그런 의미가 아니었거나 그의 생각이 명확하게 정리되지 않았다고 생각한다. 그가 이 신령한 신학의 가장 고귀한 주제를 다룬 편지를 마무리하기를 기다리고 있다."

---

46   Earthen Vessel, 1858, p. 179.

뱅크스의 독자들 가운데는 기다릴 준비가 되어 있지 않은 사람들이 많았던 것이 분명하다. 편집자 앞으로 "편지가 쇄도했기" 때문에 1860년 1월호와 2월호에 부록을 추가하는 전례 없는 조치가 취해졌다. 특별 구원론을 따르는 침례교 목회자인 뎁트퍼드의 조지 위어드는 "아무런 잘못이 없는데도 하나님이 미워하신다."라는 웰스의 말을 비난하는 글을 써 보냈다(여기에서 '잘못'은 인간 편에서의 잘못을 가리킨다). 그는 청중을 향해 "나는 하나님이 여러분 가운데 일부 사람들을 미워하고, 또 항상 미워하실 것이라고 확신합니다. 여러분이 원하는 것을 해보세요. 여러분이 믿든지 믿지 않든지, 기도하든지 기도하지 않든지, 회개하든지 회개하지 않든지, 하나님은 여러분을 미워하고, 계속 미워하실 것입니다."라고 호통을 치며 허세를 부리는 한 젊은 사역자에 관한 소문을 근거로 그런 신념이 어떤 결과로 귀결될지를 생생하게 보여주었다.

위어드는 그렇게 말하고 나서 한 걸음 더 나아가 "오, 선생이여, 어떻게 그것이 '내게 오는 자는 내가 결코 내쫓지 아니하리라'(요 6:37)라고 말씀하신 주님이나 '너희가 알 것은 이 사람을 힘입어 죄 사함을 너희에게 전하는 이것이며…모든 일에도 이 사람을 힘입어 믿는 자마다 의롭다 하심을 얻는 이것이라'(행 13:38, 39)라고 가르친 바울 사도를 좇아 복음을 선포하는 설교자와 같다고 할 수 있겠소?"라고 물었다.[47]

2월호에는 양측의 글을 싣는 공간이 마련되었고, "책임과 주권에 관한 스펄전 목사의 견해"라는 제목의 한 기고문을 통해 스펄전의 이름이 직접 언급되었다. 이 글의 작성자는 "하나님의 주권과 인간의 책임"이라는 스펄전의 설교를 읽고 나서 그 내용을 철저하게 적대시하는 태도를 보였다. 그는 스펄전이 인간의 책임에 대한 윌리엄 헌팅턴의 견해에 문제가 있다고 말한 것에 깜짝 놀랐고, 하나님이 복음을 듣는 모든 사람이 구원받기를 원하신다고 믿는 것에는 훨씬 더 큰 충격을 받은 듯했다. 그는 "스펄전은 하나님이 날마다 양팔을 내밀어 그들(유대인들)을 구원하려고 했지만, 그렇게 하시지 못했다고 말했다. 나는 그 말이 곧 그분이 그들을 구원하기 위해 양팔을 내밀지 않으셨다는 것을 보여주는 확실한 증거라고 생각한다."라고 말했다.[48] 그는 스펄전이 "책임의 교리와 관련해 청중을 이전과 마찬가지로 짙은 안개 속에 빠뜨렸다고" 확신했다.

---

47 Earthen Vessel, 1860, p. 28.
48 Earthen Vessel, 1860, p. 58.

논쟁은 바야흐로 최고조에 달했다. 뱅크스의 기고자 가운데 한 사람은 이렇게 말했다. "성경과 조화시킬 수 없는 하이퍼 칼빈주의가 여러 교회에 만연해 있다. 그것은 더 이상 과거의 칼빈주의가 아니다. 그것은 그보다 한 단계 더 높고, 또 그 위에 한 단계를 더 높인 초하이퍼 칼빈주의다. 이것이 여기저기에 씨앗을 뿌리며 퍼져나가고 있다." 이 주제는 특별 구원론을 따르는 또 다른 침례교 잡지들에까지 확대되었다. 『가스펠 헤럴드』의 편집자들은 우려할 만한 이유가 충분하다고 생각했다. 그들은 "신적 주권과 통치가 기괴하게 왜곡되었고, 그 영향력이 널리 확산되고 있는 듯 보인다."라고 말했다.[49] 『가스펠 스탠더드』와 『시온의 증인(Zion's Witness)』은 그런 두려움을 전혀 느끼지 않았던 것으로 보인다. 『가스펠 스탠더드』의 편집자 J. C. 필폿은 한 독자로부터 "정통적인" 설교를 들을 수 없을 때는 "믿고 구원을 받는 것이 모든 사람의 의무라고 주장하는 교회나 예배당에 가는 것이 낫나요, 아니면 그냥 집에 있는 편

---

49 Gospel Herald, November 1859, p. iv. 그러나 『가스펠 헤럴드』는 스펄전에 대한 비판에 동참하지는 않았다. "우리는 파크 스트리트의 젊은 목회자의 명성을 훼손하려고 하는 사람들과 동조할 생각이 조금도 없나. 오히려 우리는 하나님이 그를 일으켜 세우신 것을 기쁘게 생각한다."(1858, p. 136). 그들은 하나님의 주권에 관한 웰스의 설교를 논평하는 글에서 "우리가 누군가의 설교를 이보다 더 고통스러운 심정으로 읽었던 적은 거의 없었다. 우리는 이 설교가 하나님의 성품과 도덕적 통치에 관한 모든 올바른 견해를 적대시하고 있다고 생각하기 때문에 그것이 획득한 좋지 않은 명성이 행사할 수 있는 영향력으로부터 우리의 독자들을 지켜야 할 의무가 있다고 느낀다."(1859, p. 124).

이 낫나요?"라는 질문을 받았다. 그는 그 질문에 "죽은 자들의 회중에 참여하는 것보다는 집에서 성경과 선한 사람들의 글을 읽고, 조지프 하트의 찬송가를 부르는 것이 훨씬 더 낫습니다."라고 대답했다.[50] 『시온의 증인』도 어떤 점에서는 매우 극단적인 견해를 피력했다. 그런 이유로 『질그릇』의 취재원 가운데 한 사람은 그 잡지를 "미쳐 날뛰는 칼빈주의"로 묘사했다.[51]

뱅크스는 그런 식의 논쟁에는 아무런 관심이 없었다. 그는 수많은 말이 아무런 소용이 없자 자기가 사랑하는 교회들의 일치를 이루기 위한 시도를 중단했다. 교리적인 논쟁은 그의 강점이 아니었다. 그는 구원자에게 속한 모든 사람을 포용하기를 원했다. 그는 1863년에 쓴 글에서 일부 사람들이 웰스를 "모든 극단주의자 가운데서 최고로 비평적인 극단주의자"로 생각하는 것을 안타깝게 여기는 심정을 피력했다.[52] 그러나 그의 잡지는 그런 생각을 지닌 사람 가운데 단 한 사람도 깨우치지 못했다. 아마도 그즈음에는 상당한 개방적 태도에도 불구하고 『질그릇』이 '의무-신앙'을 반대하는 쪽으로 기운 것이 분

---

50 Gospel Standard, 1861, p. 383.
51 Earthen Vessel, 1860, p. 309.
52 Earthen Vessel, 1863, p. 217.

명하게 드러나 스펄전을 지지하는 독자들 가운데 대부분이 등을 돌린 상태였다. 그래서 그가 자신의 글을 통해 더는 웰스의 인격을 옹호할 필요가 없었던 것으로 보인다. 예를 들어, 메드허스트는 『가스펠 헤럴드』의 기고자가 되었다. 그러나 뱅크스의 독자들 가운데 일부는 여전히 회심하지 않은 자들에 대한 복음 초청을 참된 복음 설교로 간주했다. 스펄전을 비판한 내용이 담긴 "회심하지 않은 자들에 대한 사역적 간권(Ministerial Appeals to the Unconverted)"이라는 B. B. 웨일의 기사가 1864년에 발표되자 J. E. 크랙넬은 "칼빈주의와 하이퍼 칼빈주의"라는 제목의 글을 써 매우 효과적으로 응수했다. 이것이 계기가 되어 두 사람은 더 많은 글을 발표했는데 웨일이 쓴 글이 분량이 훨씬 더 많았다. 크랙넬은 더 이상의 논쟁은 무익하다고 결론지었다. 웨일은 웰스가 『질그릇』 1855년 1월에 보낸 편지글에서 처음 표현한 스펄전에 대한 평가가 옳았다고 믿고, "그 편지글의 말이 모두 사실이었다."라고 주장했다.[53]

---

53   Earthen Vessel, 1863, p. 231.

5.
성경에 근거한 스펄전의 네 가지 답변

스펄전은 『질그릇』을 통해 하이퍼 칼빈주의에 대한 논쟁이 치열하게 전개되는 동안에 줄곧 그것에 직접 참여하지 않았다. 그는 그 논쟁의 근본적인 원인이었고, 뱅크스의 월간지를 매달 읽었을 것이 분명하지만 아무런 글도 기고하지 않았다. 그러나 그렇다고 해서 그가 그 논쟁에 무작정 침묵만을 지킨 것은 아니었다. 그는 자신의 인쇄된 설교를 통해 속마음을 드러내는 방법을 선택했다. 그의 설교는 매주 출판되어 1페니에 팔렸고, 1860년대 즈음에는 약 2만 부가 발행되었다.

만일 일종의 편의주의가 스펄전의 판단에 영향을 미쳤다면, 그가 웰스가 제기한 논쟁에 대해 어떤 말도 하지 않았던 이유를 익히 짐작할 수 있다. 그는 존 길 박사가 목회하던 교회에서 목회자로 일하는 입장이었기 때문에 하이퍼 칼빈주의를 비판했다가는 자칫 교회의 역사와 자신들의 유명한 목회자를 존중하는 일부 교인들을 소외시킬 위험이 있었다. 더욱이, 스펄전은 다른 논쟁이 아니더라도 이미 한 가지 논쟁만으로도 크게 힘이 부치는 상황이었다. 그는 영국 복음주의 곳곳에 만연했던 아르미니우스주의와 대적하느라 고군분투하는 처지였다.[54] 그 논쟁에 동맹자가 되어줄 가능성이 가장 컸던 사람들은 대부분 특별 구원론을 따르는 특수 침례교 신자들이었다. 따라서 하이퍼 칼빈주의와 동시에 논쟁을 벌이면 그 진영 안에서 공감을 끌어내지 못할 공산이 컸다. 스펄전은 특수 침례교와 엄격한 침례교에 속하는 많은 사람이 제임스 웰스와 같은 사람들의 가르침을 가장 순수한 정통 신앙으로 간주하고 있다는 사실을 잘 알고 있었다. 심지어는 스펄전이 런던에서 사역하기 시작했던 초창기, 곧 그 논쟁이 아직 시작되기도 전에 그를 탐탁하지 않게 여겼던 침례교 교회가 한 곳 있었다. 그는 "하이퍼 칼빈주의 친구들이 보기에 내가 교리적으로 너

---

54 나는 이 점을 『잊혀진 스펄전』에서 길게 다룬 바 있다. 그것이 그의 최우선적인 논쟁이었다는 점을 잊어서는 안 된다. "사역자들 가운데 대부분이 뛰어난 분별력과 절대적인 능력을 지니고 있는 값없는 은혜를 아직도 전파하지 않고 있다."(NPSP, vol. 3, p. vi).

무 저급하게 보였기 때문이다."라고 그 이유를 설명했다.[55]

앞서 인용했던 아버지에게 보낸 편지에서 알 수 있는 대로, 스펄전은 첫 번째 목회지였던 워터비치에서 이미 하이퍼 칼빈주의를 반대하는 생각을 드러낸 바 있다. 그러나 하이퍼 칼빈주의의 가르침이 침례교회와 독립 교회 사이에서 오랫동안 유지되어온 런던 남부 지역과 케임브리지셔의 작은 시골 교회는 상황이 크게 달랐다. 하이퍼 칼빈주의자들은 복음의 사실들을 주장했고, 영생은 오직 예수 그리스도의 사역만을 근거로 주어지는 하나님의 선물이라고 가르쳤으며, 은혜의 초자연성을 강조했다. 그렇다면, 그것만으로는 그리스도를 섬기는 일에 서로 합력할 수 있는 근거가 되기에 불충분하다는 것일까? 스펄전은 주저 없이 그렇다고 믿었다. 그가 그런 태도를 취한 이유는 그가 추종했던 칼빈주의가 약화되었기 때문이 아니었다. 그의 깊은 관심사는 참된 칼빈주의가 회복되는 것이었다. 그것이 그가 하이퍼 칼빈주의를 기탄없이 거부했던 이유였다. 그는 특히 가장 그릇된 형태로 나타난 하이퍼 칼빈주의의 영향력이 침례교회 사이에서 엄청난 해악을 끼쳤다고 생각했

---

55 Autobiography, vol. 2, pp. 82-3.

다.[56] 그는 앞선 세대의 침례교 목회자이자 풀러의 전기 작가였던 J. W. 모리스와 똑같은 견해를 지녔다. 모리스는 그릇된 신학으로 18세기 침례교인들을 오도했던 사람들에 대해 이렇게 말했다. "그들은 흔히 은혜의 교리로 일컬어지는 것을 성경이 정한 한계를 넘어서까지 확장해 '하이퍼 칼빈주의'라는 체계를 도입했다. 이 체계는 거의 모든 교회에 해로운 영향을 미쳤으며, 교회를 어두운 구름으로 뒤덮었다."[57] 이것은 스펄전이 1859년에 메트로폴리탄 태버내클 교회의 초석을 놓으면서 "칼빈주의의 무덤에서 돌을 굴려내야 한다. 어떤 칼빈주의는 기독교가 아닌 것은 말할 것도 없고, 존 칼빈의 칼빈주의나 청교도의 칼빈주의에도 해당하지 않는다."라는 말로 언급했던

---

56 하이퍼 칼빈주의 설교자들 가운데는 '이론적인 율법 폐기론자들'이 적지 않았다. 다시 말해, 그들은 말로는 십계명이 신자들을 위한 삶의 규칙이 아니라고 가르쳤지만, 실제로는 자신의 개인적인 삶을 통해 그 계명들을 지켰다. 그러나 그들의 청중 가운데 일부는 그런 매혹적인 삶을 살지 않고, 그들의 가르침의 경향을 좇아 '칼빈주의(즉 하이퍼 칼빈주의)'는 경건한 삶을 거부한다는 비난에 정당성을 부여하는 삶을 살았다. "최악의 일 가운데 하나이기는 마찬가지일 테지만, 율법폐기론보다는 차라리 아르미니우스주의를 따르는 편이 더 나을 것이다. 두 마귀 가운데 그래도 하얀 마귀가 가장 덜 극악하다...우리의 교회 안에서 다른 어떤 것보다 건전한 교리를 더 많이 파괴한 그 끔찍한 영과는 그 어떤 관계도 맺지 말라. 논쟁으로는 율법폐기론을 결코 무너뜨릴 수 없다."(NPSP, vol. 6, pp. 298-9). 존 던컨은 "회심하지 않은 아르미니우스주의자는 모두 펠라기우스주의자이고, 회심하지 않은 칼빈주의자는 모두 율법폐기론자들이다."라고 날카롭게 지적했다. 이 주제는 뒤에서 좀 더 자세히 살펴볼 생각이다.

57 Memoirs of Fuller, p. 265.

내용과 정확하게 일치한다.[58] 그는 다른 곳에서도 "이 교리를 전하는 자들은 유익보다는 해를 만 배나 더 끼친다."라고 말했다.[59] 그는 웰스를 비롯한 많은 사람이 '칼빈주의'로 일컫는 것이 자신이 아는 정통 기독교가 아니라는 사실을 사람들이 깨닫기를 바랐다. 그는 이 문제가 논쟁을 불사할 만큼 심각하다고 생각했다. 그가 그 오류를 반대했던 이유는 크게 네 가지였다. 그것들을 하나씩 차례로 살펴보면 다음과 같다.

복음 초청은 보편적이다

스펄전은 역사적 복음주의는 복음의 약속들이 전파되는 사람들에 대해 하이퍼 칼빈주의와는 다른 관점을 지닌다고 믿었다. 하이퍼 칼빈주의자들은 복음 전파를 하나님이 선택하신 백성을 불러모으는 수단으로만 생각했다. "그리스도를 믿으면 구원을 받을 것이다."와 같은 말씀은 선택받은 죄인들에게만 전해야 한다는 것이 그들의 주장이었다. 설교자들은 오직 그런 죄인들만을 염두에 두어야 한다. 하이퍼 칼빈주의자들의 견해에 따르면, 청중에게 모든 사람이 그리스도를 영접하도록

---

58 NPSP, vol. 5, pp. 367-8.
59 NPSP, vol. 4, p. 341.

부르심을 받았고, 그분을 믿어 구원을 얻을 수 있다는 인상을 심어준다면, 그것은 곧 하나님의 주권적 은혜를 부인하는 것과 마찬가지였다. 그것은 하나님이 선택의 작정을 통해 배제하신 자들도 구원을 받을 수 있다는 의미밖에 되지 않는다. 하이퍼 칼빈주의자들은 복음 전파가 단지 복음의 사실들을 선포하는 의미일 뿐, 성령께서 개개인의 마음속에서 구원 사역을 시작해 죄의 자각과 구원의 필요성을 일깨우시기 전까지 그들에게 그리스도의 약속들이 적용된다는 것을 믿도록 설득하는 수단이 아니라고 생각했다.

스펄전은 복음 초청에 그런 제한을 두는 것을 거부했다. 복음은 하나님이 온 세상의 '모든 피조물'에게 전파하기를 원하시는 '좋은 소식'이다. 복음의 메시지는 단순한 사실들의 진술에 그치지 않는다. 그 안에는 "그를 믿는 자는 심판을 받지 아니하는 것이요"(요 3:18), "누구든지 주의 이름을 부르는 자는 구원을 받으리라"(롬 10:13), "원하는 자는 값없이 생명수를 받으라"(계 22:17)와 같은 아무 제한이 없는 확실한 일반적인 약속들이 포함되어 있다. 따라서 그리스도에 관해 말하고, 구원의 역사적 사실들을 선포하는 것만으로는 설교자의 사역이 모두 다 이루어졌다고 할 수 없다. 설교자는 거기에서 좀 더 나아가서 모든 사람에게 그리스도를 영접하라고 권유해야 한다. 설교자는 하나님의 이름으로 언제든 회개하고 믿으면 확실하게 환영받고, 죄를 용서받을 수 있다고 강조해야 한다. 바울은 비시디아 안디옥에서 청중을 향해 "그러므로 형제들아 너희가 알 것은 이 사람을 힘입어 죄 사함을 너희에게 전하는 이것이며 또 모세의 율법으로 너희가 의롭다 하심을 얻지 못하던 모든 일에도 이 사람을 힘입어 믿는 자마다 의롭다 하심을 얻는 이것이라"(행 13:38, 39)라고 말했다. 그는 분명히 아무런 한계를 두지 않았다. 그리스도를 전파하여 "각 사람(즉 모든 사람)을 권하고 모든 지혜로 각 사람을 가르침은 각 사람을 그리스도 안에서 완전한 자로 세우려 함이다"(골 1:28). 이보다 더 포괄적이면서 개별적인 의미를 지닌 말씀은 찾아보기 어렵다.

하이퍼 칼빈주의자들은 구원 은혜는 특별하고, 특수하기 때문에 복음의 약속과 초청은 보편적일 수 없다고 주장했다. 스펄전은 그런 주장에 대해 성경의 언어에 다른 의미를 부과해서는 안 된다고 응수했다. 그는 "사도적 권고"라는 제목의 설교에서 "그러므로 너희가 회개하고 돌이켜 너희 죄 없이 함을 받으라 이같이 하면 새롭게 되는 날이 주 앞으로부터 이를 것이요"(행 3:19)라는 말씀을 근거로 이렇게 말했다.

"베드로는 복음의 그리스도를 전했다. 그는 자기 주위에 모인 군중을 향해 직접 개인적으로 복음을 전했다...우리 가운데서 단지 복음이 무엇인지, 구원받지 못하고 죽는 결과가 무엇인지만을 진술해야만 죄인들에게 복음을 올바로 전했다고 주장하고, 누군가가 죄인들을 향해 '믿으라'라거나 '회개하라'라고 말하면 분노하며 건전하지 못하다고 말하는 사람들의 학파가 생겨났다. 베드로는 단연코 이 학파에 속하지도 않고, 그들의 비밀에 동참하지도 않는다. 만일 지금 그가 살아 있다면 그들의 모임에 참여하지 않을 것이다."[60]

그는 또 다른 설교에서도 "큰길과 울타리를 두루 다니며 만나는 사람 모두에게 만찬에 참석하라고 권유하는 것을 자신의 의무로 생각하지 않는 형제들이 있다. 그들은 너무나도 정통이라서 주님의 뜻에 복종하지 않을 뿐 아니라 먼저 만찬에 참석하도록 정해진 사람들이 누구인지를 찾아내 그들만을 초청하기를 원한다. 그들은 하지 않아도 될 일(즉 이미 구원받은 사람들에게 복음을 전하는 것)을 하려고 한다."라고 말했다.

사도들은 "산 자들은 물론, 죽은 자들에게도 똑같이 복음을

---

60   MPT, vol. 14, p. 194.

전했다. 그들은 선택받은 자들은 물론 선택받지 않은 자들에게도 동일한 복음을 전했다. 차이는 복음이 아니라 성령께서 그것을 적용하느냐, 아니면 인간이 그것을 거부하도록 내버려 두시느냐에 따라 발생한다."[61]

믿음의 근거

스펄전이 하이퍼 칼빈주의를 거부했던 두 번째 이유는 그리스도를 믿는 믿음의 유일한 근거, 즉 복음의 객관적인 명령과 초청을 차단했기 때문이다. 하이퍼 칼빈주의는 모든 사람에게 적용할 수 있는 그런 보편적인 근거를 부인하고, 그 대신 성경은 특정한 사람들(회개한 자, '무거운 짐을 진 자', 죄책을 느끼는 자, 죄를 깨달은 자 등)만을 복음으로 초청한다고 주장했다. 그런 설교를 듣는 청중은 먼저 그리스도의 초청이 자기에게 개인적으로 주어졌다고 생각할 만한 근거를 자기 자신 안에서 발견해야만 한다. 간단히 말해, 성경의 약속을 믿으려면, 그 전에 먼저 일종의 필수적인 준비 행위와 자격 조건으로 주관적인 경험이 필요하다.[62] 그러나 스펄전은 그런 주장에 맞서 회개하지

---

61   MTP, vol. 11, p. 495. 스펄전의 초기 설교에는 이와 비슷한 내용을 담은 말들이 많았다(MTP, vol. 8, pp. 199, 554).
62   스펄전은 죄인이 믿음을 가지려면 마음속에서 하나님의 사역이 반드시 이루어져

않은 사람들이 그리스도를 믿는 데 필요한 성경적 근거는 그들 자신 안에 있는 그 어떤 것에도 의존하지 않는다고 대응했다. 믿음의 근거는 그리스도의 초청에 놓여 있다. 그 근거는 오직 성경 안에만 있다. 구원을 받으려는 기꺼운 마음이 생겨나려면 "먼저 그리스도를 믿어야 한다. 인간의 기꺼운 마음이 믿을 수 있는 권리를 부여하는 것이 아니다. 인간은 믿으라는 하나님의 명령에 복종해야 한다. 하나님은 세상 만민에게 회개하라고 명령하신다. '주 예수 그리스도를 믿어라. 그러면 구원을 받을 것이다.'라는 것이 그분의 큰 명령이다."[63] 그리스도의 사자들은 "모든 나라와 족속에 속한 만민에게 복음을 믿으

야 한다는 것을 의심하기는커녕 그 점을 명확하게 설교했다. 그러나 죄인이 관심을 집중해야 할 것은 그 사역이 아닌 믿음의 근거다. 하나님은 우리 안에서 많은 일을 행하지만, 우리가 그리스도께 나아오기 전까지는 우리에게서 아무것도 요구하지 않으신다. 믿음에 이르는 길과 믿음의 근거는 같은 것이 아니다. 오웬은 "죄인은 먼저 자신이 거듭났다는 것을 자신의 영혼에 확신시키고 난 후에 믿으라는 지시를 받지 않았다. 그들에게 그리스도의 보혈을 통해 죄 사함이 주어지려면 먼저 믿어야 한다...인간의 의무는 자기에게 믿음이 있는지 없는지를 살피는 것이 아니라 실제로 믿는 것이다. 믿음은 자신의 역사를 통해 스스로를 입증할 것이다."라고 말했다(Works of John Owen, vol. 6, p. 598). 하나님은 마음속에서 약속들을 통해 역사하신다. 하이퍼 칼빈주의자들이 주장하는 대로, 하나님의 내적 사역이 마치 약속들을 믿는 의무와 대치되는 것처럼 생각하는 것은 영혼들을 구하는 일에 혼란을 야기한다. 이런 혼란이 최초의 하이퍼 칼빈주의자 가운데 하나인 조지프 허시의 글에서 발견된다. 그는 "우리는 구원을 권유하는 복음을 선포해야 한다. 그러나 제시(즉 회개하고 믿는 모든 자에게 구원을 약속하는 일반적인 초청)는 구원을 권유하는 것이 아니다...권유는 은혜의 역사로 인한 것이다."라고 말했다. 다음 자료에서 인용했다. Peter Toon, The Emergence of Hyper-Calvinism in English Non-Concormity 1689-1765 (London: The Olive Tree, 1967), p. 82. 이 점은 뒤에서 좀 더 살펴볼 예정이다.

63 MTP, vol. 7, p. 191.

라고 권유하고, 믿는 모든 사람에게 개별적으로 개인적인 구원을 약속할 수 있는 권한을 부여받았다."[64] 복음의 메시지는 "느낌이 올 때까지 기다려라"가 아니라 "믿으면 살리라"이다. "예수 그리스도께서는 죄인들에게 '기다려라'가 아니라 '오라' 고 말씀하신다."[65]

하이퍼 칼빈주의자들은 그리스도께서는 모든 사람을 위해 죽지 않으셨기 때문에 모든 사람이 그리스도를 믿으라는 부르심을 받았다면, 그런 믿음은 거짓을 믿는 것일 수밖에 없다고 맞섰다. 그들의 견해에 따르면, 보편적인 근거를 전하는 것은 구원이 제한적이고, 특별한 것이라는 사실을 부인하는 것이다. 그들은 그런 논리를 근거로 스펄전이 특별 구원론을 믿으면서 모든 사람에게 그리스도를 믿으라고 말하는 모순된 주장을 펼치고 있다고 비판했다.[66] 그러나 스펄전은 성경이 가르치는 대로 "그리스도께서 너를 위해 죽으셨다는 것을 믿으라"라는 것을 불신자들이 초청받은 믿음의 일부로 간주하지 않았

---

64   MTP, vol. 15, p. 626.
65   MTP, vol. 13, p. 196.
66   스펄전이 보편 구원을 믿지 않았던 이유를 알고 싶으면 내가 쓴 『잊혀진 스펄전』 73-8쪽을 참조하라.

다. 죄인을 불러 그리스도를 의지하라고 말하는 이유는 그가 구원받았기 때문이 아니라 오히려 잃어버린 상태라서 예수님께 나와 구원받아야 하기 때문이다. 하이퍼 칼빈주의는 참된 믿음이 생겨나려면 속죄의 범위에 대한 지식이 필요하다고 주장하는 점에서 아르미니우스주의와 똑같은 잘못을 저지른다. 그러나 그런 생각은 옳지 않다. 존 리펀은 구원 신앙에 관해 존 길과는 다른 견해를 피력했다. 그는 이렇게 말했다.

"보편 구원을 주장하는 아르미니우스주의자들은 많은 사람이 자기가 구원과 관련된 믿음을 지니지 못했다는 사실을 명확하게 보여주는 증거를 제시하더라도 마땅히 그렇게 주장할 것이다. 그러나 그리스도를 믿는다는 것은 죄인이 그분이 특별히 자신을 위해 죽으셨다는 것을 스스로 확신하기 위해서가 아니다. '그분을 믿는다는 것'은 그리스도에 관한 성경의 증언을 실제로 받아들여 그분께 우리를 구원해 달라고 요청하는 것을 의미한다."[67]

---

67 Brief Memoir of the Life and Writings of Gill (1811; repr. Harrisonburg, Va.: Gano Books, 1992), p. 44. 이 점에 대해 좀 더 자세히 알고 싶으면 다음의 자료를 참조하라. John Murray, Redemption: Accomplished and Applied (Banner of Truth, 1979), p. 65.

물론, 그렇다고 해서 "그리스도께서 죄인들을 대신해 이루시지 않은 구원을 어떻게 그들에게 제시할 수 있는가?"라는 물음이 완전히 해소된 것은 아니다. 스펄전은 그 물음을 하나님이 설명하지 않기로 선택하신 문제로 간주해 더는 묻지 않았다.[68] 그로서는 그리스도께서 종종 모든 사람에게 자신을 믿으라고 말씀하셨고, 복음이 '모든 피조물'을 위한 것이며, 그리스도께 나오는 자는 모두 다 구원을 받지만 그분을 거부하는 자는 누구든 아무런 변명도 할 수 없다는 사실을 아는 것만으로 충분했다. 모든 피조물을 위한 믿음의 근거로 복음을 보편적으로 선포하는 것이 그가 이해했던 성경의 가르침이었다. 예를 들어, 하나님은 "소돔의 관원들에게...오라 우리가 서로

---

68 만일 스펄전이 로버트 맥체인 에드거의 "칼빈주의에 대한 최근의 공격들"[British and Foreign Evangelical Review (London: James Nisbet, 1881), p. 417]이라는 글을 읽었더라면 기꺼이 동의했을 것이다. 에드거는 그 글에서 이렇게 말했다. "이 주제와 관련해 가능한 입장이 두 가지 있다. 첫째는 속죄의 범위가 제한적이라면 하나님이 복음을 일반적으로 제시하기를 진심으로 바라신다고 선언하는 것이 불가능하다는 것이고, 둘째는 전능하신 하나님이 제한 속죄를 복음의 일반적인 제시와 조화시키는 것이 가능하기 때문에 그분이 좋게 여기시는 때에 그렇게 하실 것이라고 믿는 것이 가능하다는 것이다. 후자의 경우에는 그런 확신을 근거로 복음을 자유롭게 온전히 전하는 것이 우리의 의무가 된다. 이것이 곧 칼빈주의의 입장이요 신뢰의 태도이자, 눈으로 보는 것이 아닌 이 깊은 신비를 믿는 믿음으로 행하려는 결심이다. 한편, 보편 속죄의 옹호자들은 하나님이 한정된 제한 속죄와 복음의 일반적인 제시를 조화시킬 능력을 지니고 계신다는 사실을 부인한다. 그들은 하나님의 손가락에 실타래가 너무 복잡하게 얽혀 있기라도 한 듯, 일반적인 선포를 받아들이면 지극히 높으신 하나님의 한정된 목적이 교란되는 것처럼, 곧 하나님의 전지전능한 능력이 선택의 작정과 복음의 일반적인 제시의 충돌을 막기에는 역부족인 것처럼 생각하는 듯하다."

변론하자 너희의 죄가 주홍같을지라도 눈과 같이 희어질 것이요"(사 1:10, 18)라고 말씀하셨다. 스펄전의 말대로 "하나님은 그들의 종교를 극도로 혐오하셨지만" 그분은 긍휼을 얻으라고 초청하셨다. 이것은 그리스도를 십자가에 못 박아 죽인 자들이 오순절에 믿음의 초청을 받은 것과 비슷했다. 따라서 스펄전은 신약성경을 토대로 똑같은 요점을 되풀이했다.

"베드로는 '너희가 모두 회개하고, 세례를 받으라'라고 말했다. 그러자 존 번연이 묘사한 대로, 한 사람이 무리 가운데 서서 '그러나 저는 그분을 십자가까지 끌고 가는 일을 도왔습니다.'라고 말했다. 베드로는 다시 '너희가 모두 회개하고, 세례를 받으라'라고 말했다. 그러자 '그러나 저는 그분의 손에 못을 박았습니다.'라는 말이 들려왔다. 베드로는 여전히 '너희가 모두 회개하고…'라고 말했다. 그러자 '저는 입을 삐죽거리면서 그분의 벌거벗은 몸을 바라보며, 만일 네가 하나님의 아들이라면 십자가에서 내려오라고 말했습니다.' 그래도 베드로는 '너희가 모두 회개하고, 세례를 받으라'라고 말했다. 나는 우리의 많은 칼빈주의 형제들에 대해 안타까운 마음을 느낀다. 말하기 미안하지만, 그들은 칼빈주의에 대해 아무것도 알지 못한다. 자신의 추종자들에게 존 칼빈보다 더 우스꽝스럽게 희화화된 사람은 결코 없을 것이다. 그들 가운데 많은 사람이 베드로의 본문을 가지고 설교하기를 두려워한다...내가 그렇게 하면, 그들은 나를 '불건전하다'고 말한다. 그러나 나는 그런 말에 개의치 않는다. 나는 주님이 온갖 죄인들에게 복음을 전하는 나를 축복하신다는 것을 알고 있다. 내가 성경에서 값 없는 복음 초청을 발견하는 한, 그것을 전하는 나를 그 누구도 저지하지 못할 것이다."[69]

스펄전은 복음 초청이 특정한 경험을 소유한 자들에게만 국한되지 않는다는 성경의 가르침 외에도 그런 제한이 곤고한 영혼들을 혼란스럽게 할 뿐 아니라 일종의 율법주의로 그들을 위태롭게 할 수 있다고 지적했다. 그는 이 문제를 요한일서 3장 23절을 본문으로 한 "믿음의 근거"라는 제목의 설교에서 자세하게 다루었다. "우리가 그의 아들 예수 그리스도의 이름을 믿어야 한다는 것이 그분의 명령이다."

"오늘날 어떤 설교자들은 누군가에게 예수 그리스도를 믿으라고 권유하려면 그 전에 그가 먼저 거듭나야 한다고 주장한다. 마음속에서 은혜의 사역이 어느 정도 이루어져야만 믿음의 유일한 근거가 마련된다는 것이 그들의 판단이다. 이것도 잘못이기는 마찬가지다. 이것

---

69   MTP, vol. 7, pp. 148-9.

은 죄인들을 위한 복음을 없애고, 성도를 위한 복음을 제시하는 것이다...형제들이여, 우리가 이행해야 할 사명의 본질을 고려한다면, 그리스도를 믿으라는 명령은 마땅히 죄인들을 위한 근거가 되어야 한다. 그렇다면, 그 사명을 어떻게 이행해야 할까? '온 세상에 나가 모든 피조물에게 복음을 전하면 된다.' 그러나 어떤 설교자들은 '거듭난 모든 사람, 죄책을 의식하는 모든 죄인, 죄를 깨달은 모든 죄인에게 복음을 전하라.'라고 말한다. 그러나 그렇지 않다. '모든 피조물에게' 복음을 전해야 한다."

보편적인 근거를 부인하고, 그리스도를 믿기 전에 주관적인 경험을 요구하는 것은 혼란과 율법주의로 귀결될 수밖에 없다. 그런 가르침은 구원자가 아닌 인간 자신을 바라보게 만든다. 바꾸어 말해, 상한 심령을 소유하고, 죄의 짐을 의식하는 것이 믿음을 위한 일종의 자격 조건이라고 생각하게끔 유도한다. 이것은 회심해야 할 인간에게 분별력을 요구하는 것이다. 그러나 성경은 그런 요구를 하지 않는다. 오히려 죄를 깨달은 죄인은 자기 자신을 어떻게 해볼 도리가 없다. 죄의 짐에 가장 크게 짓눌린 사람들은 흔히 죄를 진정으로 의식하는 것을 두려워한다. 성령께서는 죄를 깨닫게 하시지만, 성경은 그분이 죄를 깨달은 자가 믿기도 전에 그에게 그런 깨우침의 확신을 심어주신다고 가르치지 않는다. 스펄전은 "믿음의 근거"라는 같은 설교에서 이 점에 대해 이렇게 말했다.

"믿음의 근거를 복음이 아닌 다른 곳에 두는 설교는 참된 회심자를 불안하게 만들고, 위선자를 안심시키는 경향이 있다. 그런 가르침은 진정으로 회심한 가엾은 영혼에게 자기의 마음이 너무나도 강퍅하기 때문에 그리스도를 절대로 믿어서는 안 된다는 의식을 심어준다. 사람은 영적으로 크게 깨어날수록 자기 자신이 영적이지 못한 것처럼 보이기 마련이다...죄를 가장 크게 뉘우친 사람들이 스스로 죄를 가장 덜 뉘우쳤다고 생각할 때가 많다."[70]

"만일 죄인들에게 확실한 죄의식과 죄책의 자각이 필요하다고 가르치기 시작하면, 그런 가르침은 죄인을 그리스도 안에 있는 하나님이 아닌 그 자신에게로 향하게 만들 수밖에 없다. 그러면 인간은 그 즉시 '내가 상한 심령을 지녔는가? 내가 죄의 짐을 의식하는가?'라고 묻기 시작한다. 이것은 또 다른 형태의 자아의식에 지나지 않는다. 인간은

---

70   MTP, vol. 9, p. 537. "죄인들이 예수님을 믿기 전에 이런저런 감정을 느껴야 한다는 이 모든 가르침은 또 다른 형태의 자기 의를 추구하는 것이다...바리새주의는 세상의 다른 어떤 종파보다 하이퍼 칼빈주의와 더 많이 혼합되어 있다."(NPSP, vol. 6, p. 403). "하나님이 성화를 통해 우리에게 허락하시는 것을 우리는 칭의를 얻기 위한 공로로 생각하려는 경향이 다분하다. 우리의 본성 안에는 너무나도 많은 바리새인이 존재한다."(Works of Owen, vol. 6, p. 600).

자기 자신을 들여다보면서 하나님의 은혜를 받아야 할 이유를 찾으려고 해서는 안 된다."[71]

이 문제에 대한 스펄전의 판단은 죄의 자각과 관련된 다른 사람들의 경험은 물론, 그 자신의 경험을 통해 확실하게 확증되었다.

"나는 '수고하고 무거운 짐 진 자들아 다 내게로 오라 내가 너희를 편히 쉬게 하리라'라는 말씀을 읽고 나서 '이것은 나의 형제나 누이나 내 주위에 있는 사람들에게나 상관있는 말씀이야.'라고 말했다. 나는 그들이 모두 '무거운 짐을 진 자들'이고, 나는 아니라고 생각했다. 그러나 하나님이 아시지만, 나는 내 마음이 내 안에서 무너질 때까지 울고, 부르짖고, 탄식하곤 했다. 그러나 누군가가 내게 죄를 슬퍼했느냐고 물으면, 나는 '아니요. 나는 죄를 진정으로 슬퍼한 적이 없어요.'라고 대답하고, '죄의 짐을 의식했느냐?'라고 물으면, '아니요'라고 대

---

71 MTP, vol. 33, pp. 114-5. "환상이든, 황홀경이든, 환희든, 희열이든 무엇이든 느껴도 좋다. 그러나 내가 느끼기를 바라는 감정은 깊은 회개와 겸손한 믿음이다."(NPSP, vol. 3, p. 270). 회심과 관련해 '경험'에 대해 강력한 주관적 관심을 기울이는 경향이 하이퍼 칼빈주의를 따르는 교회들 안에 농후했다. 물론, 이런 현상은 헌팅턴이나 웰스와 같은 설교자들의 증언이 매우 극적이었다는 사실 때문에 생겨난 것은 아니었다. 헌팅턴과 웰스에 관해서는 다음의 자료를 참조하라. "The Kingdom of Heaven Taken by Prayer, Select works of W. Huntington (Bennett: London, 1837). W. Crowther, Memoirs of James Wells(1873).

답하고, '진정으로 죄를 깨달은 죄인이냐?'라고 물으면, '아니요. 나는 그렇지 않았습니다.'라고 대답했을 것이다."[72]

이런 문제를 해결할 수 있는 유일한 방책은 복음 초청이 보편적으로 값없이 주어진다는 사실을 깨닫는 것이다.

"그리스도를 믿는 것, 곧 우리 자신에게서 벗어나 오직 그분만을 의지하는 것이 곧 복음이다. '나는 깊은 죄책을 느낀다.'라고 말하는가? 우리가 그것을 느끼든 아니든, 우리는 죄인인 것이 분명하다. 우리는 우리가 생각하는 것보다 훨씬 더 큰 죄인이다. 우리가 그리스도께 나와야 하는 이유는 우리가 우리 자신의 죄책을 깨달음으로써 나올 준비가 되었기 때문이 아니라 말 그대로 죄를 지은 죄인이기 때문이다. 우리 자신의 것은 심지어 절실한 필요를 느끼는 마음조차도 신뢰해서는 안 된다."[73]

"죄인들이여, 나로 그대들에게 생명의 말씀을 전하게 하라. 예수님은 아무것도 요구하지 않으신다. 아무것도 행하거나 느낄 필요가 없다.

---

72 Autobiography, vol. 1, p. 86.
73 MTP, vol. 33, p. 115.

그분이 행위와 감정을 모두 허락하신다. 예수님은 선한 감정이나 좋은 희망은 조금도 없이 버림을 받아 황폐해져 마치 누더기를 걸친 무일푼의 거지와 같은 죄인들에게 다가와서 '내게 오는 자는 내가 결코 내쫓지 아니하리라'라고 말씀하신다."[74]

"'내게 오는 자는....' 그 사람은 너무 끔찍해서 언급하기조차 어려운 극악무도한 죄를 지었다. 그러나 그런 사람도 그리스도께 나오면 그분은 결코 내쫓지 않으신다. 죄인은 스스로를 칠흑 같은 밤보다, 지옥보다 더 어둡게 만들 수 있다...오늘 저녁에 이 예배당에 어떤 사람들이 찾아왔는지 나는 모른다. 그러나 절도범이나 살인범이나 극히 위험한 사람이 와 있더라도 나는 여전히 그리스도께 나오라고 권하고 싶다. 그 이유는 그분이 그들을 결코 내쫓지 않으실 것이기 때문이다. 죄의 범위를 한정하는 한계는 존재하지 않는다. 아무리 극악하고, 신성모독적인 죄를 지었더라도, 이 세상의 그 어떤 사람이라도 그리스도께 나오면 환영받을 것이다. 긍휼의 문이 활짝 열려 있다. 그리스도께 나오는 자는 누구든, 빈민촌에서 왔든, 술집에서 왔든, 도박장에서 왔든, 감옥이나 사창가에서 왔든, 예수님은 결코 내쫓지 않으신다."[75]

---

74   MTP. vol. 9, pp. 537-8.
75   MTP. vol. 30, pp. 54-5.

스펄전이 그런 식으로 말한 이유는 성령께서 회심할 때 인간의 도덕적 기능을 대신하는 것이 아니라 진리로 그들 안에서, 그들을 통해 역사하시기 때문이다. 그는 T. J. 크로퍼드의 말에 전적으로 동의할 것이 틀림없다. 크로퍼드는 "'허물과 죄로 죽었던' 영혼들을 소생시키는 하나님의 능력에 대한 약속은 복음의 온전한 부르심이 선포될 때 정당하게 호소할 수 있으며 소망 가운데 의지할 수 있다. 만일 그 부르심이 본질적으로 축소되거나 제한되어 복음의 온전한 요구에 미치지 못한다면, 그 약속이 생명을 주는 성령의 능력으로 성취될 것이라고 믿을 근거가 없다."라고 말했다.[76]

인간의 책임

지금까지 살펴본 스펄전의 두 가지 신념(복음 초청은 만민에게 전파되어야 한다는 것과 믿음의 근거는 성경의 명령과 약속에 놓여 있다는 것)은 복음적인 칼빈주의와 하이퍼 칼빈주의 사이에 벌어진 논쟁의 핵심을 향해 나아가도록 이끈다. 이 논쟁의 핵심은 인간의 책임, 달리 말하면 인간의 '자유 선택'과 관련이 있다. 여

---

76   T. J. Crawford, The Mysteries of Christianity (Edinburgh: Blackwoods, 1874), p. 285).

기에 사용된 용어는 매우 중요하다. 자유 선택을 '자유의지'와 혼동해서는 안 된다. 인간은 타락 이후로 책임에서 벗어난 것이 아니라 하나님께 복종하려는 의지와 능력을 상실했을 뿐이다. 스펄전은 "내가 가장 두려워하는 것은 우리 자신의 자유의지에 내맡겨지는 것이다."라고 말했다. 하이퍼 칼빈주의는 죄인들은 자신이 할 수 없는 일(그리스도를 믿어 구원을 받는 것)을 하라고 요구받지 않는다고 주장했다. 믿는 능력은 오직 선택받은 자들에게만 있고, 그것은 믿는 순간에 성령을 통해 주어진다고 했다. 따라서 모든 청중을 향해 즉시 회개하고, 믿으라고 요구하는 설교자는 인간의 부패성과 하나님의 주권적인 은혜를 부인하는 것과 같다고 했다.

스펄전은 이런 주장에 대답하기 위해 다른 많은 사람들과 달리 인간의 부패성과 무능력에 관한 성경의 가르침을 약화시키지 않았다. 그는 "우리는 하나님의 주권이라는 교리를 조금도 약화시키지 말고 그대로 전해야 하고, 그분의 선택적 사랑을 조금도 주저하지 말고 그대로 전해야 한다."라고 말했다.[77]

---

77 Only a Prayer-Meeting, p. 304. 위의 글은 "죄인들에게 전하는 설교"를 다룬 대목에서 인용한 것이다. 그는 그곳에서 복음을 전하는 설교는 자기가 전해 들은 한 초등학생의 이야기와 같다고 말했다. 그 학생은 친구의 눈앞에서 달콤한 사과를 공중

그는 지금까지 주장했던 것만큼 강한 어조로 하나님의 뜻은 전능하기 때문에 구원의 모든 요소를 능히 제공하고, 적용할 수 있다고 강조했다. "우리 주님의 임무는 자기가 가르친 모든 사람을 구원하는 것이 아니라 성부께서 자기에게 주신 자들만을 구원하는 것이었다."[78] 그러나 그는 하이퍼 칼빈주의자들의 주장에 대해 또 다른 성경의 진리(인간은 자신의 죄를 온전히 책임져야 한다는 것)로 응수했다. 하나님은 죄의 원인자가 아니시다. 복음을 듣고 구원자를 거부하는 자들은 하나님의 주권이 믿음의 복종을 실행하지 못하도록 방해했다고 주장할 수 없다. 하나님이 자신을 배제하셨다고 주장할 수 있는 사람은 아무도 없다. 회개하지 않은 죄인들이 정죄받아 영원히 멸망하는 것은 순전히 불신앙의 죄를 비롯한 그들의 갖가지 죄 때문이다.

스펄전은 그런 신비를 좀 더 이해할 수 있게 설명해달라는 요청을 받을 때면 항상 그것은 자기의 소관이 아니라고 대답했다. 그의 의무는 성경적 진리 전체를 가르치고, 그것을 균형

에 살짝 던졌다가 다시 자기 호주머니에 집어넣곤 했다고 한다. "나는 죄인들에게 설교할 때면 그들 모두에게 황금 사과를 호주머니에 넣으라고 권유하고 싶은 심정을 항상 느낀다. 왜냐하면, 생명의 열매라는 이 최상의 과실은 수많은 사람이 소유했는데도 여전히 또 수많은 사람이 소유할 수 있을 만큼 넉넉하기 때문이다."
78   MTP, vol. 19, p. 277.

있게 전하는 것뿐이었다. 설교 메시지를 우리가 일관성이 있다고 생각하는 진리들에만 국한한다면, 그것은 우리에게 아무런 권리가 없는 자유를 행사하는 것이다. 하이퍼 칼빈주의의 큰 오류는 하나님의 뜻은 모든 일에 효과적이고, 주권적이며, 인간은 자신의 모든 행동에 자유롭고, 또 책임이 있다는 두 가지 진리를 설명할 방법을 모른다는 이유로 성경의 한쪽 측면을 무작정 무시해 버리는 것이다. "둘 다 사실이다. 이 두 가지 진리는 서로 모순되지 않는다. 우리가 해야 할 일은 그 두 가지를 다 믿는 것이다."[79] 스펄전은 "주권적인 은혜와 인간의 책임"이라는 초기 설교에서 다음과 같은 말로 시작했다.

> "진리의 체계는 한 개가 아닌 두 개의 직선으로 이루어져 있다. 이 두 개의 선을 한꺼번에 보는 법을 알기 전에는 그 누구도 복음에 관한 올바른 견해를 지닐 수 없다...만일 인간이 자유롭게 행동할 수 있고, 하나님이 그의 행위를 관장하지 않으신다고 말한다면, 무신론으로 치우칠 수밖에 없고, 그와는 달리 하나님이 모든 것을 관장하시기 때문에 인간은 책임을 질 자유조차 없다고 말한다면, 율법 폐기론이나 운명주의로 치우실 수밖에 없다. 하나님이 미리 정하시고, 인간은 책임을

---

79   NPSP, vol. 4, p. 343.

저야 한다는 이 두 가지 진리를 한꺼번에 볼 수 있는 사람은 매우 드물다. 대부분 이 두 진리가 동시에 성립될 수 없는 모순이라고 생각하지만, 사실은 그렇지 않다. 그것은 우리의 연약한 판단력에서 비롯된 오류다. 이 두 진리가 서로 모순된다고 생각하는 것은 우리 자신이 어리석은 까닭이다."

이런 강조점이 스펄전의 설교 곳곳에서 발견된다. 그 가운데 두 곳을 인용하면 다음과 같다.

"나는 예정을 그 일점일획까지 믿는다. 나는 봄바람에 불려오는 한 톨의 먼지도 절대로 어긋날 수 없는 작정을 통해 미리 정해졌다고 믿는다. 인간의 모든 말과 행위를 비롯해 참새의 모든 날갯짓과 파리의 비행 등 사실상 모든 것이 예지와 예정을 통해 결정되었다. 그러나 나는 그와 동시에 인간의 자유로운 선택을 믿는다. 인간은 자기가 원하는 대로 행동한다. 하나님에게서 비롯된 그 어떤 것에도 영향을 받지 않고, 오로지 부패한 마음과 왜곡된 습관에만 영향을 받는 의지를 통해 악을 선택할 수 있다. 성령의 이끄심과 거룩한 인도 아래 완전한 자유를 발휘해 옳은 것을 선택하는 도덕적 기능과 관련해서는 특히 더 그렇다...나는 인간이 운명이 전혀 없는 것처럼 모든 책임을 짊어진다고 믿는다...이 두 진리가 어떻게 조화를 이루는지는 알 수도 없고, 알고

싶지도 않다. 나는 내 생각을 포기하고 둘 다 믿기로 결정했기 때문에 조금도 혼란스럽지 않다."⁸⁰

그는 다른 곳에서도 이렇게 말했다.

"어떤 사람들은 우리가 다윗이 시편 115편에서 말한 대로 하나님이 그 기쁘신 뜻대로 원하는 것은 무엇이든 행하신다면 인간의 자유로운 선택과 도덕적 책임을 부인하는 것이 당연하다고 생각한다. 그러나 우리는 그렇게 생각하는 자들은 '하나님이 어찌하여 허물하시느냐 누가 그 뜻을 대적하느냐'(롬 9:19)라고 말한, 꼬투리 잡기 좋아하는 옛사람의 생각에 물든 자들이라고 말할 수밖에 없다. 우리는 그런 자들에게 바울처럼 '이 사람아 내가 누구이기에 감히 하나님께 반문하느냐'(20절)라고 되묻고 싶다. 인간은 자유로운 존재, 책임 있는 존재다. 그래서 인간이 죄를 짓는다면, 자신의 의지로 저지른 것이기 때문에 하나님이 아닌 인간 자신에게 책임이 있다. 또한 그와 동시에 하나님의 목적이 달성된다. 심지어는 마귀와 부패한 사람들을 통해서조차 그분의 뜻이 이루어지기도 하는데, 어떻게 이것을 이해할 수 있는가? 나는 이해할 수 없다. 그렇기 때문에 나는 주저 없이 믿기로 결정했

80   MTP, vol. 15, p. 458.

고, 그렇게 한 것을 기쁘게 여긴다. 나는 결코 그것을 이해하기를 바라지 않는다. 단지 내가 결코 이해하기를 기대하지 않는 하나님을 경배할 따름이다...하늘과 땅과 지옥에 있는 모든 것이 결국에는 신적 계획의 일부라는 사실이 명확하게 드러나리라는 것이 나의 확고한 신념이다. 그러나 하나님은 죄의 원인자나 공모자가 아니시다. 죄는 인간, 전적으로 인간에게만 있다. 그러나 그분의 존재와도 같이 신비롭고, 기이하고, 압도적인 힘을 통해 그분의 지고한 뜻이 이루어진다...우리가 이해할 수 없다는 이유로 이 진리를 부인하는 것은 많은 중요한 지식을 스스로 차단하는 것과 같다."[81]

스펄전은 인간의 자유로운 선택을 강조하는 것이 참된 복음주의에 절대적으로 필요한 요소라고 생각했다. 하이퍼 칼빈주의는 성경이 회심을 하나님의 사역으로 가르친다는 이유로 인간의 행위를 고무하는 것이 하나님을 방해하게 될까 봐 두

---

81 MTP, vol. 16, p. 501. 스펄전은 "높은 교리와 넓은 교리"라는 설교에서 요한복음 6장 37절을 근거로 위와 똑같은 주장을 펼쳤다. '높은 교리'는 예정의 은혜를, '넓은 교리'는 "누구든 내게 오는 자"를 각각 가리킨다. "이것은 두 개의 큰 진리다. 우리는 이 진리를 둘 다 견지해야 한다. 이 두 진리는 서로 균형을 이룬다...신학적인 어려움을 제거하는 일은 세상에서 가장 이익이 남지 않는 일이다. 하나님의 말씀 안에서 발견되는 어려움은 그대로 받아들여 믿는 것이 최선이다...그것들은 하나의 조화로운 전체를 구성하는 귀한 요소들이다. 따라서 그것들에 대해 불필요한 논쟁을 일삼거나 하나만을 좋아하고, 다른 하나는 배격하는 어리석음을 저질러서는 안 된다. 진리를 사랑하는 넓고, 솔직한 마음으로 그 둘을 다 받아들여야 한다. 그것이 하나님의 자녀들이 마땅히 나타내 보여야 할 태도다."(MTP, vol. 30, pp. 49-50).

려워했다. 그러나 성경은 회심을 인간의 사역으로 가르치기도 한다. 성경은 사람들에게 하나님과 화목하라고 요구하는 것을 모순되게 여기지 않는다.[82] 하이퍼 칼빈주의는 이 점을 인식하지 못한 까닭에 회심하지 않은 자들이 복음의 시대에 구원받지 못한 상태로 남아 있는 것은 순전히 그들의 잘못이고, 그들이 정죄당하는 것도 모두 그들이 자초한 일이라는 것을 확실하게 말하지 못했다. 그리스도를 믿는 것은 모든 사람의 의무다. 스펄전이 성경을 통해 자주 강조한 대로, 그리스도를 믿기를 거부하는 것은 소돔과 고모라의 죄보다 더 큰 죄를 저지르는 것이다. "아담의 후손이 마음속으로 '하나님, 저는 하나님의 은혜와 사랑을 의심합니다. 하나님, 저는 하나님의 능력이 의심스럽습니다.'라고 말하는 것은 그야말로 교만과 거만함의 극치가 아니고 무엇인가? 모든 죄를 돌돌 뭉쳐 하나의 덩어리로 만들더라도, 즉 살인, 신성모독, 음욕, 간음, 음행 등 사악한 죄를 모두 하나로 뭉쳐 거대하고 흉측한 부패의 덩어리로

---

82 19세기의 가장 지혜로운 신학자 가운데 하나인 존 던컨은 인간의 책임과 하나님의 뜻이라는 두 진리의 신비로운 관계를 설명하면서 "하나님과 인간이 각자 사역을 절반씩 나눠 행한다는 것은 옳지 않다. 하나님과 인간이 각자 사역의 전부를 행한다는 것이 참되다."라고 말했다. 그가 말한 대로, 아르미니우스주의와 하이퍼 칼빈주의(율법폐기론)는 이 점을 옳게 인식하지 못했다[W. Knight, ed., Colloquia Peripatetica, Notes of Conversations with John Duncan (Edinburgh, 1907), pp. 29-30].

만들더라도 불신앙의 죄보다 더 크지는 않을 것이다."[83]

스펄전은 자서전에서 런던에 오기 전에 하이퍼 칼빈주의의 견해를 지닌 일부 사역자들과 논쟁한 이야기를 전했다. 그들은 "복음을 믿지 않는 것이 인간의 죄인지 아닌지를 따지는 논쟁을 펼쳤다." 그가 당시에 받았던 충격은 일평생 지속되었다. "그들이 논쟁할 때, 나는 '여러분, 내가 지금 그리스도인들과 함께 있는 것인가요? 여러분들은 과연 성경을 믿는 건가요, 아닌가요?'라고 말했다. 그러자 그들은 '물론, 우리는 그리스도인들이요.'라고 대답했다. 그 말에 나는 '그렇다면 성경이, 죄에 대하여라 함은 그들이 나를 믿지 아니함이요(요 16:9)라고 말씀하고 있지 않습니까? 사람들이 그리스도를 믿지 않는 것이 그들의 저주스러운 죄가 아니고 무엇이겠습니까?'라고 말했다."[84]

스펄전은 『뉴파크 스트리트 강단』 첫째 권에 수록된 두 번째 설교("불신앙의 죄")에서 당시의 경험을 소개했다. 지금까지

---

83 Autobiography, vol. 1, p. 261.
84 Autobiography. vol. 1, p. 260. 그는 다른 곳에서도 이 때의 경험을 언급한 바 있다 (NPSP, vol. 1, pp. 18-19).

살펴본 대로, 하이퍼 칼빈주의와 그의 논쟁은 주로 이 점에 집중되었다. 그는 "나는 다른 누구 못지않게 회개와 회심이 성령의 사역이라고 굳게 확신하지만, 회개하고 믿는 것이 인간의 의무라고 믿는다. 모든 사람을 향해 '회개하고 돌이켜 너희 죄 없이 함을 받으라'(행 3:19)라고 말하는 것이 기독교 사역자들이 해야할 의무라고 생각한다. 그것을 중단하기보다는 차라리 이 손, 아니 이 양손을 모두 잃는 편이 더 나을 것이다."라고 말했다.[85]

스펄전은 설교를 통해 자주 하이퍼 칼빈주의를 논박했다. 그는 특히 1861년에 메트로폴리탄 태버내클 교회의 문을 처음 열었을 때 "은혜의 교리에 관한 강해"를 통해 다소 길게 그것을 반대하는 의견을 개진했다. 그는 그 어떤 운명주의도 용납하지 않겠다는 단호한 태도로 "만일 누구든 구원을 받지 못하면 그 책임은 모두 인간에게 있다. 그러나 누구든 구원을 받는다면 구원의 공로는 모두 하나님께 있다."라고 주장했다. 하나님은 정죄 받게 할 의도로 인간을 창조하지 않으셨다. 스펄선이 『웨스트빈스터 대요리 분납』을 봉해 밝힌 대로. 하나님

---

85   MTP, vol. 14, p. 196.

의 진노가 인간에게 임한 것은 오로지 죄 때문이다. "감리교를 비롯해 모든 복음주의 교파가 인간이 멸망하는 이유가 그들이 지은 죄의 결과 때문이라고 인정한다."[86]

스펄전은 1863년에 펴낸 『뉴파크 스트리트 강단』의 머리글에서 자신이 "하이퍼 칼빈주의 이론에 사로잡힌 자들"로 묘사한 이들을 향해 조금도 거리낌 없이 "부분적인 복음이 아닌 온전한 복음을 전파하라"고 요구했다. "하나님의 주권은 부인할 수 없는 지극히 위대한 사실이지만, 인간의 책임도 부인할 수 없는 분명한 사실이기는 마찬가지다… 믿음은 하나님의 선물일 뿐 아니라 새롭게 거듭난 인간성의 행위이기도 하다. 정죄는 독단적인 예정이 아닌 정의로운 심판의 결과다. 서로 반대되는 듯 보이는 이 두 가지를 모두 받아들일 수 있을 날이 어서 왔으면 좋겠다. 믿음은 이 둘이 하나의 조화로운 전체를 구성하는 요소들이라는 사실을 알고 있다. 인간을 대하시는 하나님의 경륜을 넓은 시각에서 바라보면 인류에게도 충실하고, 만유의 주권자이신 주님께도 진실할 수 있다."[87]

---

86 MTP, vol. 7, p. 301.
87 MTP, vol. 9, pp. vi-ii.

스펄전은 같은 책에서 "하나님의 주권만 강조하고 인간의 책임은 무시하는 사람의 종교"를 언급하면서 "그것은 교리를 악하고, 부도덕하고, 퇴폐적인 방식으로 전하는 것으로 하나님께 속한 것이 아니다."라고 말했다.[88]

스펄전의 말과 행위가 일치한다는 것은 그가 논쟁에는 아무런 관심을 두지 않고, 오로지 사람들을 권유해 그리스도께 나아가게 하는 것에만 집중했다는 사실에서 가장 잘 확인된다. 그가 복음 초청을 전했던 방식은 이미 앞에서 살펴본 바 있다. 그는 모두를 향해 누구든 복종하면 하나님의 긍휼을 얻을 수 있다고 외쳤다. 그는 "죄인이 그리스도께 나오려는 마음이 있다면 구원받을 수 있을까? 물론이다."라고 말했다.[89] 그러나 그리스도를 거부하는 자들은 끔찍한 죄책을 감당하지 않으면 안 된다.

"거듭나지 않은 사람들은 하나님을 믿을 수도 없고, 믿으려는 마음도 없다. 그렇게 되는 이유는 죄를 사랑하기 때문이다. 자기가 좋아하는

88　MTP, vol. 9, p. 153.
89　MTP, vol. 8, p. 190.

죄를 버리기를 싫어하는 자들은 복음을 이해하기가 어렵거나 받아들이기가 불가능한 척 꾸민다...감히 복음이 자신의 파멸을 초래하는 원인인 양 핑계할 셈인가? 어쩔 수 없이 하나님의 원수가 될 수밖에 없고, 긍휼을 거부할 수밖에 없는 것처럼 변명할 생각인가? 볼 수 없다고 불평만 늘어놓으려는가? 대체 누가 두 눈을 감기게 했는가? 스스로 보려고 하지 않는데 볼 수 없는 것이 당연하지 않은가? 보지 못하는 것은 스스로 원하기 때문이고, 이해하지 못하는 것은 이해하려는 마음이 없기 때문이다...하나님과 화목하려는 마음이 없다면, 마치 그분이 죄인과 화목하기를 원하지 않으시는 것처럼 생각할 수밖에 없다. 무한히 선하신 하나님은 자기의 말씀을 우리에게 가까이 들려주실 뿐이다. 오, 영혼들이여, 무한히 선하신 하나님은 자기의 말씀을 우리에게 매우 가까이 가져다주셨을 뿐이니 자기가 정죄당한 것을 그분께 전가하지 말기 바란다."[90]

"나는 길을 잃고 파멸했다. 이보다 더 큰 두려움은 없다. 내가 나의 파멸을 자초했다. 나는 그리스도의 복음을 내게서 멀리했다. 내가 스스로 나를 파괴했다."[91]

---

90   MTP, vol. 33, p. 333.
91   NPSP, vol. 4, p. 240.

"오, 청중들이여. 누가 스스로 파멸을 선택하겠는가? 자기가 영생을 얻기에 합당하지 않다고 생각해 그것을 거부할 셈인가? 우리 자신이 정죄당한다면, 그것은 우리가 자초한 것이다. 우리의 피가 우리의 머리로 돌아가게 될 것이다. 의도적으로 그렇게 되기를 선택하려면 구덩이 속으로 내려가도 좋다. 그러나 그리스도께서 우리에게 전파되셨다는 것을 기억하라. 그런데도 그분을 소유하려고 하지 않고, 그분께 나아오라는 초청을 받았는데도 그분께 등을 돌린다면 스스로 영원한 멸망을 선택한 것이다. 하나님이 그리스도를 보시고 그런 선택을 뉘우칠 수 있게 해 주시기를 바란다. 아멘."[92]

이런 인용문들은 복음적 칼빈주의와 하이퍼 칼빈주의의 네 번째이자 아마도 가장 심각한 차이가 무엇인지를 발견할 수 있는 기회를 제공한다.

하이퍼 칼빈주의와 하나님의 사랑

스펄전은 예정 교리를 왜곡하고, 복음 초청이 모든 사람에게 값없이 주어진다는 것을 받아들이기를 꺼리는 이유는 성경이 하나님의 성품에 관해 가르치는 것을 옳게 이해하지 못했

92　MTP, vol. 27, p. 460.

기 때문이라는 점을 발견했다. 하이퍼 칼빈주의자들은 하나님이 선택받은 백성만을 사랑하기 때문에 그 외의 사람들이 구원을 받기를 원하지 않으신다고 주장했다. 그들은 하나님이 마치 모든 사람을 사랑하시는 것처럼 말하는 것은 은혜의 특수성을 부인하는 것이라고 믿었다. 물론, 하이퍼 칼빈주의자들도 복음이 모든 사람에게 전파된다는 것을 부인하지는 않았다. 그러나 그들은 그것이 하나님이 모든 사람을 사랑하신다거나 모든 사람을 긍휼을 얻으라고 초청하는 의미는 아니라고 생각했다. 오히려 그들은 누구든 먼저 자기가 선택받은 자들 가운데 하나라는 사실을 입증해줄 개인적인 증거를 발견하기 전까지는 하나님의 사랑을 신뢰할 수 있는 권한을 향유할 수 없다고 가르쳤다.

스펄전은 1858년에 "주권적인 은혜와 인간의 책임"이라는 설교를 전하면서 하이퍼 칼빈주의와의 이 중요한 차이를 분명하게 드러냈다. 그는 바울이 로마서 10장 20, 21절에서 인용한 하나님의 말씀("이사야는 매우 담대하여 내가 나를 찾지 아니한 자들에게 찾은 바 되고 내게 묻지 아니한 자들에게 나타났노라 말하였고 이스라엘에 대하여 이르되 순종하지 아니하고 거슬러 말하는 백성에게 내가 종일 내 손을 벌렸노라 하였느니라")을 본문으로 채택했다. 스펄전은 그런 말씀을 하나님이 자기를 강퍅하게 거부하는 자들조차 구원받기를 바라신다는 것을 보여주는 증거로 간주했다.

"복음의 소리를 들으면서도 구원받지 못하는 죄인들은 사랑이 넘치는 초청이 없어서 구원받지 못하는 것이 아니다. 하나님은 자기의 손을 넓게 펼친다고 말씀하신다…하나님이 그들이 자기에게 오기를 원하셨던 이유가 무엇이었을까? 그것은 곧 구원을 받게 하시기 위해서였다. 어떤 사람은 '아니야. 그것은 일시적인 축복을 베풀겠다는 의미일 뿐이야.'라고 말할지도 모른다. 그러나 그렇지 않다. 우리 앞에 있는 성경 말씀은 영적인 축복에 관한 내용이다. 따라서 이 축복도 역시 똑같은 의미를 지닌다. 하나님의 초청은 진지하기 그지없었다. 그분은 감히 자기가 진지하지 않았다고 말하는 사람조차도 기꺼이 용서하신다. 그분의 행위는 무엇이든 다 진지하다. 그분은 선지자들을 보내 이스라엘 백성에게 영적인 것을 굳게 붙잡으라고 간곡히 권유하셨지만, 그들은 그렇게 하기를 싫어했다. 그분이 양팔을 온종일 넓게 펼치고 계셨지만, 그들은 '순종하지 아니하고 거슬러 말하는 백성'이었다. 그들은 하나님의 사랑을 받아들이려고 하지 않았다."[93]

---

93 NPSP, vol. 4, p. 34. 존 머레이와 네드 스톤하우스가 밝힌 대로, "복음의 값없는 제시와 관련된 논쟁의 핵심은 하나님이 모든 사람의 구원을 진정으로 원하신다고 똑바로, 정확하게 말할 수 있느냐 하는 것이다." 다음의 자료를 참조하라. "The Free offer of the Gospel," Collected writings of John Murray (Banner of Truth, 1982),

스펄전은 하나님이 모든 사람의 구원을 원하신다는 것을 부인하는 견해를 단순한 이론적 오류로 간주하지 않았다. 그 이유는 하나님의 성품에 관한 그릇된 이해가 회심하지 않은 사람들이 믿음을 갖지 못하게 방해하는 가장 큰 걸림돌 가운데 하나였기 때문이다. 사람들은 "하나님에 대해 사랑을 베풀려는 마음은 거의 없고, 쉽게 진노를 터뜨리는 냉혹하고 사납고, 괴팍한 존재로 생각하는 경향이 있다." 사람들은 하나님의 사랑이라는 진리를 믿으려고 하지 않는다. 하이퍼 칼빈주의가 이 진리를 잘못 가르치는 탓에 타락한 인간의 생각 속에서 이 오류를 제거하기가 어렵다. 따라서 하이퍼 칼빈주의는 존 오웬과 같은 복음적 칼빈주의자들에게서 발견되는 경고의 말을 전할 수 없다. 오웬은 "하나님의 은혜를 제한함으로써 우리의 영혼을 곤란에 빠뜨리지 말자...우리는 우리 자신은 용서를 받고 싶은 마음이 간절한데 하나님이 용서를 베풀려는 마음이 없으시다고 생각하는 경향이 있다."라고 말했다. 그는 성경이 "하나님이 죄인들에게 긍휼과 은혜와 용서를 기꺼이 베풀려는 마음을 지니고 계신다는 것을 믿지 못하게 만드는 모든 요소을 말끔히 제거하기 위해 그와 정반대되는 진리를 가르친다."

---

vol. 4. pp. 113–32.

고 말하고 나서 "우리의 앞선 논증의 의도는 단지 하나님이 용서를 베푸신다는 사실을 입증하려는 것이 아니라 그것을 오해 없이, 확고하게 믿어야 한다는 것을 말하려는 것이다. 그렇게 하는 것이 우리의 의무다. 우리에게는 믿으라는 분명한 명령이 주어졌다. 가장 큰 약속들과 가장 큰 형벌들이 이 명령과 함께 제시되었다."라고 덧붙였다.[94]

스펄전도 다음의 말을 통해 이와 똑같은 진리를 언급했다.

"그리스도의 가르침이나 진리에 입각한 칼빈의 사역의 범위를 크게 벗어난 하이퍼 칼빈주의는 하나님에 관한 그릇된 견해를 자기 주장의

---

94 Works of John Owen, vol. 6, pp. 502-4. 오웬은 또한 521쪽에서 죄인들이 하나님의 약속들을 거부하는 것에 관해 이렇게 말했다. "어떤 핑계를 대더라도 그런 거절의 밑바닥에는 강퍅한 의지가 도사리고 있다." 그는 『히브리서 강해』 3권 309쪽에서는 "이보다 더 큰 겸양이나 사랑이나 은혜를 생각하거나 바랄 수 있을까? 이것이 복음 안에 제시되었다(고후 5:19). 하나님의 친절과 배려를 거부하는 것보다 그분을 더 욕되게 하는 것이 있을까?"라고 말했다. 툰이 지적한 대로, 칼빈도 호세아 13장 14절을 해설하면서 그와 똑같은 내용의 말을 했다. "하나님은 여기에서 단지 구원을 약속하는 데 그치지 않고, 기꺼이 구원을 베풀 의향이 있으시다는 것을 분명하게 보여주셨다. 그러나 백성들의 사악한 본성이 구원의 길을 방해하는 걸림돌이었다...하나님은 '내가 그들을 속량할 것인데 무엇이 막을 것인가? 심지어는 너희의 강퍅함조차도...'라고 말씀하신다. 우리는 이 구절을 통해 사람들이 멸망할 때도 하나님은 여전히 그런 생각을 조금도 바꾸지 않으신다는 것을 알 수 있다. 세상을 능히 구원할 수 있는 그분의 능력이 소멸되거나 그분의 목적이 변하는 일은 조금도 없다. 그분은 항상 기꺼이 도움을 베풀 준비가 되어 있으시다. 그러나 사람들은 강퍅한 태도로 하나님이 기꺼운 마음으로 풍성하게 제공하시는 은혜를 거부한다." Commentaries on the Twelve Minor Prophets (Calvin Translation Society: repr. Banner of Truth, 1986), vol. 1, pp. 476-7.

근거로 삼는다. 하이퍼 칼빈주의자는 하나님의 절대적인 주권이 크게 두드러져 나타나는 것을 기쁘게 여긴다. 그는 지극히 높으신 하나님의 위대하고, 영광스러운 속성들을 경외한다. 그는 하나님의 전능하심을 두려워하고, 그분의 주권을 놀라워하며, 하나님의 뜻에 즉각 복종해야 할 강력한 필요성을 느낀다. 그러나 그는 하나님이 사랑이시라는 사실을 너무나도 쉽게 망각한다. 그는 하나님의 자애로운 성품을 충분히 강조하지 않는다...형용할 수 없는 영원한 빛으로 이루어진 밝은 광환처럼 찬란하게 빛나는 하나님의 거룩하심, 사랑, 정의, 충실하심, 불변하심, 전능하심, 주권과 같은 속성들을 완전하게 볼 수 있는 사람은 아무도 없다. 우리는 그것들을 보기를 간절히 바라지만, 어떤 사람도 그것들을 모두 본 적이 없다. 우리의 이런 불완전한 시야가 다양한 오류가 발생하는 원인이다."[95]

만일 "하나님은 사랑이시다"라는 것이 사실이 아니라면, 그분의 임재가 죄인들에게는 전혀 달갑지 않은 것이 되고 만다. 복음은 사랑을 매혹적인 것으로 제시한다. "하나님이 세상을 이처럼 사랑하사"(요 3:16). "하나님이여 주의 인자하심이 어찌 그리 보배로우신지요 사람들이 주의 날개 그늘 아래 피하나이

---

95 MTP, vol. 7, p. 370.

다"(시 36:7). 존 던컨은 "사랑은 큰 흡인력을 지닌다. 물론, 엄격한 정의와 거룩함이 없다면 하나님의 사랑은 거룩하지 않고, 불의한 사랑이 되고 말겠지만, 정의와 거룩함은 사랑과는 달리 죄인들을 멀리 도망치게 만든다."라고 말했다.[96] 사복음서 곳곳에 분명하게 나타난 대로, 사랑은 끌어당기는 힘이 있다. 사람들 사이에서 울려 퍼진 그리스도의 음성은 사랑의 음성이었다. 무엇이 그리스도의 마음을 움직여 무리를 보고 불쌍히 여기시게 만들었을까(마 9:36)? 그분이 타락한 예루살렘을 보고 우셨던 이유나 "내가 네 자녀를 모으려 한 일이 몇 번이더냐 그러나 너희가 원하지 아니하였도다"(마 23:37)라고 탄식하셨던 이유가 무엇이었을까? 그 답은 모두 '사랑'이다. 그리스도의 가르침 안에는 모든 사람을 환영할 것이라는 약속이 포함되어 있었다. 그분의 삶 전체 안에 모든 사람이 구원받기를 염원하는 마음이 역력하게 드러나 있었다. 스펄전은 "우리 가운데 그리스도만큼 사람들을 사랑하는 사람은 아무도 없다. 자애로운 마음씨를 지닌 사람들의 사랑을 모두 한데 모아놓더라도 큰 바다와도 같은 예수님의 사랑에 비하면 하나의 작

---

96   In the Pulpit and at the Communion Table, J. Duncan, ed. D. Brown (Edinburgh, 1874), p. 47.

은 물방울에 지나지 않을 것이다."라고 말했다.[97] "우리는 '죄인이여, 그리스도를 믿기만 하라.'라고 말하지만, 안타깝게도 그 '만'이라는 말이 무슨 의미인지 알지 못한다. 그것은 하나님의 도우심이 없이는 그 누구도 할 수 없는 위대한 사역의 의미를 담고 있다... 믿음이 역사하게 만들려면,,,그리스도께서 죄인을 기꺼이 받아주신다는 사실을 알아야만 한다."[98] 스펄전에게 그리스도를 전한다는 것은 곧 이 지식을 모든 사람에게 권유한다는 의미를 지녔다.

> "주님은 '누구든 목마르거든 내게 와서 마셔라'라고 모든 사람을 초청하셨다. 그분은 그들에게 오라고 간곡히 권유하셨다. 그들이 오지 않으면, 그분은 '너희가 영생을 얻기 위하여 내게 오기를 원하지 아니하는도다'(요 5:40)와 같은 말씀으로 부드럽게 책망하셨다...우리 주님의 설교에는 고통받는 가엾은 영혼들이 자기에게 와서 필요한 것을 발견하기를 바라는 내용이 매우 많이 발견된다."[99]
> "사랑하는 자들이여, 죄인들을 구원하는 것보다 예수 그리스도를 더 크게 기뻐하시게 하는 것은 아무것도 없다. 그분이 긍휼을 베푸시게

---

97   MTP, vol. 33, p. 137. 스펄전의 설교 제목들 자체가 위와 똑같은 메시지를 종종 전하고 있다.
98   NPSP, vol. 4, p. 437.
99   MPT, vol. 14, p. 258.

하려면 간절한 청원과 설득이 필요하다는 생각은 그분을 크게 오해하는 것이다. 그분은 태양이 빛을 내뿜듯 자연스럽게 긍휼을 베푸신다."[100]

"바울은 소수에게만 자기를 나타내는 인색한 구원자나 작은 파당의 수장인 편협한 그리스도가 아니라 큰 무리를 위한 위대한 구원자이자 큰 죄인들을 구원하는 위대한 구원자를 전했다...내 주 예수님은 자신의 죽음을 통해 용서하는 은혜를 풍성하게 베푸셨다. 이 은혜는 너무나도 풍성하기 때문에 그분의 보배로운 피의 효력으로 제거할 수 없는 죄책은 아무것도 없다."[101]

그러나 성경에서 가르치는 대로 설교자들에게는 그리스도의 사랑을 아는 지식 이상의 것이 필요하다. 그들 자신이 먼저 그들이 전하는 사랑에 사로잡혀야 한다. 사랑 없이 그리스도를 믿으라고 초청하는 것은 진정한 초청이라고 말할 수 없다. 그리스도께서 복음을 듣는 모든 사람이 구원받기를 바라신다는 확신 없이 사람들에게 믿음을 권유하는 설교자는 참된 복음 전도자와는 거리가 멀다. 그런 의심을 제거하려면 그리스

---

100   MTP, vol. 14, p. 645.
101   MTP, vol. 13, pp. 210-11.

도와 친밀한 교제를 나누는 것이 필요하다. 로버트 머레이 맥체인과 같은 사람들에게서 발견되는 정신을 소유하려면 그리스도의 사랑을 알고 느껴야 한다. 맥체인의 청중은 "그가 자신들을 회심시키려는 간절한 마음을 지녔다."는 것을 생생하게 느낄 수 있었다. 스펄전은 "우리는 사랑으로 사람들을 설득한다. 우리는 사랑, 곧 다른 사람들의 슬픔을 동정하는 마음과 그들이 멸망하지 않기를 바라는 간절한 마음으로 예수님을 위해 그들을 설득한다. 우리는 우리의 온 마음을 다해 그들이 구원받지 않은 채로 죽지 않게 해달라고 하나님께 간곡히 호소하고, 그들이 자신을 위해 긍휼을 구하고, 은혜를 발견하게 해달라고 간절히 염원한다."[102]

존 오웬이 말한 대로, 사람들을 그리스도께 나오라고 부르는 그런 열정은 그 부름의 원천을 단지 희미하게 반영한 것에 지나지 않는다. "복음을 받아들이라고 초청하고, 권유하고, 설득하는 장본인은 바로 하나님 자신이시다...우리가 이 문제와

102 　새뮤얼 피어스 캐리와 그의 동료들 사이에서도 바로 이런 특징이 뚜렷하게 되살아났던 것을 확연하게 알 수 있다. 풀러는 『새뮤얼 피어스 회고록』에서 이렇게 말했다. "피어스 씨를 지배했던 정신은 바로 거룩한 사랑이었다...사역자의 탁월한 영성에는 대개 탁월한 유용성이 겸비되어 있기 마련이다."

관련해 열정이 부족하거든 용서해주기 바란다. 참으로 부끄럽지만, 우리가 아무리 큰 노력을 기울여 하나님의 영광을 힘써 구하며 사람들의 영혼을 불쌍히 여기고, 아무리 우리의 생각과 마음과 정신과 말을 한껏 고양시키더라도 하나님 자신의 열정에 비하면 무한히 부족할 뿐이다."[103]

따라서 스펄전은 설교자들이 그리스도와 좀 더 깊은 교통을 나누는 것이 근본적으로 필요하다고 생각했다.[104] 그는 그런 교통을 통해 모든 신학적 난제가 극복될 수 있을 뿐 아니라 더 나아가서는 복음 설교자가 그런 난제들에 의해 방해받지 않을 수 있다고 확신했다.

"우리는 종종 어둠 속에서 갖가지 난제에 부딪혀 당혹스러워하지만, 성경의 난제 가운데 절반은 냉랭한 심령 상태에서 비롯된다. 따라서 심령이 올바르게 되면 머리도 올바른 상태로 크게 나아질 수 있다. 언

---

103   Works of John Owen, vol. 6 (Banner of Truth, 1966), p. 517. 스펄전이 고린도후서 5장 18-21절을 중심으로 전한 "하나님은 자기 사역자들을 통해 죄인들을 권유하신다"라는 설교도 아울러 참조하라.

104   MTP, vol. 35, p. 344. "영혼을 구하는 일과 관련된 가장 어려운 일 가운데 하나는 우리 자신을 그에 적합한 상태로 만드는 것이다...스스로 아무런 감동을 받지 않은 사람은 무관심한 사람들의 마음을 조금도 움직일 수 없다. 경고의 말을 전할 때는 눈물의 호소가 필요하다." The Soul Winner (London, 1895, pp. 46-7. 스펄전은 이 주제를 여러 곳에서 자주 다루었다.

젠가 예수님이 예루살렘을 보고 우셨다는 성경 구절을 읽고 두려워하며 당혹스러워하던 한 사람이 기억난다. 그는 그 구절에 대한 궁금증을 해결하려고, 길 박사를 비롯해 토머스 스콧과 매튜 헨리의 해설을 차례로 살펴보았다. 그러나 그 선한 목회자들의 해설은 그를 더욱 당혹스럽게 만들었을 뿐, 문제 해결에 전혀 도움이 되지 않는 듯했다. 그는 어떻게 예수님이 '내가 네 자녀를 모으려 한 일이 몇 번이더냐 그러나 너희가 원하지 아니하였도다'라고 말씀하실 수 있었는지 도무지 이해할 수가 없었다. 그러던 어느 날, 그는 더 많은 은혜를 받고 나서 영혼들을 사랑하는 마음이 크게 불타올랐다. 그러자 과거의 편협했던 마음이 깨지고, 부서지기 시작했다. 그는 다시 그 성경 구절을 떠올리며, '이제는 이 말씀을 이해할 수 있어. 나는 어떻게 이 말씀이 이러저러한 교리와 양립할 수 있는지 알지 못했어. 그러나 이 말씀은 나의 마음속에서 느껴지는 것과 너무나도 잘 일치해.'라고 말했다. 나도 그와 똑같은 심정을 느낀다. 나도 전에 바울이 자신의 동포만 구원받을 수 있다면 자기는 저주를 받아도 좋다고 말한 성경 구절을 이해하지 못해 당혹스러워한 적이 있었다. 그러나 나도 종종 그런 심정을 느껴보았기 때문에 이제는 인간이 다른 사람들에 대한 사랑이 주체할 수 없이 솟구쳐 오를 때 어떤 말을 할 수 있는지를 이해하게 되었다. 그런 사람은 다른 사람들이 구원받을 수 있다면 자기는 멸망해도 좋다는 심정을 느낀다. 물론, 그렇게 될 가능성은 전혀 없지만, 영혼들에

대한 거룩한 사랑이 주체할 수 없이 솟구쳐 오르면 이성의 차단막을

뚫고 한정 없이 흘러나오기 마련이다."[105]

  스펄전은 영혼들을 향한 그리스도의 사랑에 감동되어 런던

에서 37년 동안 매주 복음 설교를 전했다. 그는 "여러분 자신

을 그리스도의 사랑에 맡기세요. 그러면 의롭다 하심을 받고

집으로 돌아가게 될 것입니다."라는 말이나[106] "그리스도께서

사랑이 가득 담긴 팔을 펼치고 여러분의 마음 문 밖에 서 계

십니다. 그러니 그분이 웅대한 축복의 기도로 여러분을 축복

하실 수 있도록 마음의 문을 활짝 열어 하늘의 손님을 받아들

여야 하지 않겠습니까?"와 같은 말로[107] 설교의 결론을 맺기를

주저하지 않았다. 때로 그는 "그들을 강권하여 데려오라"와 같

은 설교에서 자신의 경험을 직접 언급하기도 했다. 이 설교는

그가 전한 다른 어떤 설교보다 사람들의 회심에 더 깊은 관심

을 기울였던 설교였다. 그는 그 설교에서 "죄인이여, 하나님의

이름으로 명하노니 회개하고 믿으라."라는 말로 복음에 복종

---

105 MTP, vol. 12, pp. 586-7. 스펄전은 다른 곳에서도 그리스도께서 예루살렘을 위
     해 눈물을 흘리신 일을 또다시 언급하면서 그것을 "머리속에는 매우 고귀한 교리
     들이 가득 차 있지만, 마음속에는 동정심이 그리 많지 않은 형제"에게 적용했다
     (MTP, vol. 8, p. 347).
106 MTP, vol. 33, p. 120.
107 MTP, vol. 14, p. 200.

할 것을 요구했다. 그러나 그는 그렇게 힘주어 말하고 나서는 다음과 같이 간곡히 권유했다.

"고개를 돌려 외면한 채 이 명령을 듣지 않겠다고 말할 셈인가? 그렇다면 나는 다시 어조를 바꾸어 그리스도께로 피하라고 권유하고 싶다. 오, 나의 형제여. 그리스도께서 얼마나 사랑이 많은 분이신지 아는가? 내가 내 영혼을 통해 그분에 대해 알고 있는 것을 여러분에게 알려주고 싶다...나는 그리스도께서 냉혹하고, 불친절한 분이신 줄로 알았다. 그리스도를 그렇게 나쁘게 생각했던 나 자신을 도저히 용서하기가 어려울 정도다. 그러나 내가 그분께 나아가자 그런 나를 놀라운 사랑으로 받아주셨다. 나는 그분이 나를 때릴 것으로 생각했지만, 그분은 분노의 주먹을 움켜쥐지 않고, 긍휼이 가득한 손을 내미셨다...그분의 두 눈에는 눈물이 가득했다. 그분은 내 목을 껴안고 입을 맞추셨다...잠시 멈추어 생각해보기 바란다. 오늘 이 아침에 여러분이 무엇을 거부하고 있는지 아는가? 바로 여러분의 유일한 구원자이신 그리스도를 거부하고 있다. 만일 내가 모든 사랑과 친절과 열정을 온전히 기울여 영원한 생명을 붙잡으라고, 곧 '썩을 양식을 위하여 일하지 말고 영생하도록 있는 양식을 위하여 하라'(요 6:27)고 간곡히 권유하지 않는다면, 나는 마귀보다 더 악한 사람이 되고 말 것이다."

"어떤 하이퍼 칼빈주의자들은 내가 그렇게 하는 것이 잘못되었다고 지적하곤 했다. 그러나 나는 그렇게 하지 않을 수 없다. 나는 그렇게 해야만 한다. 나는 마침내 나의 재판관 앞에 서게 될 것이다. 만일 내가 많은 눈물로 여러분이 구원받도록, 곧 예수 그리스도를 바라보고 그분의 영광스러운 구원을 얻도록 간절히 권유하지 않으면 나의 사역을 온전히 입증할 증거를 제시할 수 없을 것이다."[108]

스펄전의 이런 말은 또 다른 칼빈주의자였던 존 던컨의 말과 조금도 다르지 않다. 그는 "복음은 '그대가 구원받기를 원한다면 구원자가 있소이다.'가 아니라 '그대는 지옥에 갈 권리가 없다. 하나님의 아들을 짓밟지 않고서는 결코 그곳에 갈 수 없다.'라고 말한다."라고 말했다.[109]

하이퍼 칼빈주의자들은 하나님의 보편적인 사랑에 관한 지금까지의 논의를 근거로 그리스도께서 자기 목숨을 내어준 모든 자의 구원을 보장하는 하나님의 특별한 선택적 사랑을 믿

---

108   NPSP, vol. 5, pp. 20-2. 스펄전은 이 책의 서문에서 이렇게 말했다. "'그들을 강권하여 데려오라'라는 제목의 설교는 하나님의 특별한 도구로 사용되었기 때문에 단 한 주도 그 유용성을 보여주는 사례들이 나타나지 않은 적이 없었다. 물론, 완고하고, 난폭한 칼빈주의 학파는 이 설교를 싫어할 것이 틀림없다."

109   John Duncan, In the Pulpit and at the Communion Table, p. 63.

지 않았다고 추론했다. 때로는 아르미니우스주의 사상을 좇는 그리스도인들도 스펄전에 대한 피상적인 지식으로 인해 그의 입장에 대해 그와 똑같은 결론을 내렸다. 그러나 그것은 성경을 읽을 때 저지를 수 있는 것과 똑같은 실수를 저지르는 것과 같다. 성경에 언급된 하나님의 사랑은 보편적인 의미(아르미니우스주의)나 모든 사람이 다 특별하게 선택되었다는 의미(하이퍼 칼빈주의)로 이해해서는 안 된다. 성경에는 그 차이점이 분명하게 드러나 있다. 스펄전은 그리스도인들을 상대로 말하면서 이 차이점을 종종 분명하게 지적하곤 했다. 예를 들어, 그는 "사랑하는 자들이여, 예수님의 너그러운 사랑은 그분의 선택적 사랑의 한계를 넘어 더 넓게 퍼져나간다. 그것(마태복음 23장 37절에 계시된 사랑)은 선택받은 자들을 향해 찬란하게 빛나는 사랑이 아닌 모든 사람을 위한 참된 사랑을 가리킨다."라고 말했다.[110] 하나님의 특별한 사랑은 "모든 사람을 위한 사랑이 아니다…선택받은 백성에게만 주어지는 선택적이고, 차별적이고, 구별적인 사랑이 존재한다…성도에게 참된 안식처를 제공하는 것은 바로 이 사랑이다."[111]

---

110 MTP, vol. 12, p. 475.
111 MTP, vol. 19, p. 551. "보편적인 사랑에는 약간의 위로가 있지만, 우리는 좀 더 깊은 곳으로 나아가야 한다."

아르미니우스주의는 보편적인 사랑을 성경에 계시된 유일한 사랑으로 간주했기 때문에 하나님의 주권적인 은혜를 부인하고, 그분이 마치 구원을 모든 사람에게 똑같이 적용하시는 것처럼 생각하도록 유도하고, 하이퍼 칼빈주의는 "타락한 사람들을 향하는 하나님의 사랑이 존재한다. 그 사랑은 모든 인간이 아무런 구별 없이 향유하는 다양한 축복을 통해 나타난다. 그 사랑은 선택받지 않은 사람들까지 모두 포용하며, 복음 선포의 간곡한 권유와 제안과 요구를 통해 가장 크게 드러난다."라는 존 머레이의 말을 부인한다.[112]

스펄전은 이런 중요한 신학적 차이를 굳게 견지했지만, 회심하지 않은 자들에게 복음을 전할 때 지켜야 할 조건이 필요하다고 생각하지 않았다. 오히려 그는 타락한 죄인들을 구원하는 것보다 정통주의를 사수하는 데 더 많은 관심을 기울이는 것처럼 보이는 설교를 경계했다. "복음을 수호해야 한다고 생각하는 선한 사람들이 많다…그러나 조건이나 예외를 두어 그것을 보호하고 지키려고 하거나 불필요한 말로 그것을 제한

---

112 'The Atonement and the Free Offer of the Gospel,' Banner of Truth (London, 1968), July-August, p. 29.

하는 것은 사울의 갑옷을 걸친 다윗의 모양새와 크게 다를 것이 없다."[113]

스펄전은 선택받지 않은 사람이 구원자를 믿지 않은 것에 대해 어떻게 책임을 질 수 있는지에 관해서는 굳이 설명하려고 애쓰지 않았다. 그 이유는 성경이 아무런 설명도 제시하지 않기 때문이었다. 그는 모든 사람을 사랑하는 마음으로 전파해야 할 구원의 복음이 존재한다는 것을 아는 것으로 충분했기 때문에 모든 사람을 향해 그리스도께 나오라고 외치며, "만일 그리스도께서 자기를 신뢰하는 모든 사람을 위해 죽으셨다면, 나는 그 사실을 기꺼이 믿어 의심치 않겠고, 만일 그분이 죄인들을 위해 십자가에서 큰 희생을 치르셨다면 나는 기꺼이 그 희생을 의지하고, 그것을 나의 소망의 근거로 삼겠다."라고 말했다.[114]

지금까지 말한 내용이 스펄전이 하이퍼 칼빈주의에 동의하

---

113   MTP, vol. 32, p. 50.
114   MTP, vol. 19, p. 280. 그는 "그들의 관대한 설교가 없다면 절대로 구원받기 위해 나오지 않을지도 모르는 회심자들이 적지 않을 것이다. 그들은 그런 사람들을 데리고 나오는 도구들이다."라는 이유에서 그리스도의 사랑의 광대함을 "매우 은혜롭게" 설파했던 "아르미니우스주의자들"에 대해 아무런 불평도 하지 않았다.

지 않았던 네 가지 요점이었다. 이 네 가지 요점을 간단히 정리하면, 복음 초청을 제한하는 것, 하나님의 말씀과 약속들을 믿음의 근거로 삼지 않는 것, 인간의 책임을 축소하는 것, 선택받은 자들을 사랑하는 것 외에는 하나님의 그 어떤 사랑도 인정하려고 하지 않은 것이다.

6.
논쟁, 그 이후

이 논쟁도 다른 모든 논쟁이 그러하듯 양측의 이견을 양극화시켰다. 특수 침례교 신자들 가운데 일부는 스펄전을 지지해 새로운 협력 관계를 구축했다. 예를 들면, 뎁트퍼드의 조지 위어드는 1861년에 메트로폴리탄 태버내클 교회의 헌당식에 참여했다.[115] 그러나 1871년에 '엄격한 침례교 메트로폴리탄 연합회'가 결성되자, 복음 설교에 대한 스펄전의 입장을 지지하던 사람들이 "구원 신앙은 율법적인 의무가 아니다."라는 교리적 결정문의 조항을 통해 모두 배제되었다. 그러는 사이『질그릇』과『가스펠 스탠더드』를 지지하는 사역자들은 그리스도

---

[115] 스펄전은 위어드의 책을 논평하면서 그에 대해 "교리도 건전하고, 영적으로도 충실한 사람"이라고 말했다(ST, 1871, p. 235).

의 인격을 둘러싼 또 다른 논쟁으로 인해 분열되었다. 논쟁의 핵심은 그리스도의 신성이 아닌 그분의 인격과 중보자라는 그분의 직임과의 관계였다(스펄전은 "서로를 가차없이 비난하는" 그리스도인들의 모습을 보며 그 논쟁을 개탄스럽게 여겼다).[116] 그 후, 하이퍼 칼빈주의를 따르는 침례교인들은 『가스펠 스탠더드』와 『질그릇』 편으로 나뉘었다. 스펄전은 그런 교회들 대부분에게서 감지되는 영적 쇠퇴 현상을 몹시 안타깝게 여겼다. 그는 1876년에 "길 박사의 완고한 체계의 쇠락"을 언급했다.[117] 그는 "영국 칼빈주의의 현주소"라는 논문에서 "극단적 칼빈주의"가 쇠퇴하고 있다고 지적했다. "그 지도자격인 사역자들이 최근에 가을 낙엽처럼 떨어졌고, 그들의 계승자들이 나타나지 않고 있다...우리는 이 형제들이 어떤 잘못을 저질렀든 간에 교회들 안에서 많은 귀한 진리가 활발하게 역사하도록 기여한 공로가 크다고 생각한다. 따라서 우리는 이들이 다시 활력을 찾는 것을 보면 좀 더 공정한 생각과 애정 어린 마음으로 기뻐해야 할 것이다. 그들은 멸시와 경시를 너무 많이 받아왔다. 그들을 격리시키지 말고, 오히려 다른 침례교 형제들과 힘을 합치게 해

---

116   MTP, vol. 9, p. 234. 그의 말로 미루어 볼 때 그가 그 두 잡지를 모두 읽고 있었다는 사실을 알 수 있다.

117   Commenting and Commentaries (repr. Banner of Truth, 1969), p. 8.

야 한다. 그리스도인들의 교류는 서로를 유익하게 하는 결과를 낳을 것이다."[118]

　　그러나 엄격한 침례교와 특수 침례교에 속하는 소수의 교회들은 더욱 자기들끼리 뭉쳐 하이퍼 칼빈주의를 추구했고, 그보다 더 많은 숫자의 교회는 칼빈주의를 아예 저버리고 말았다. 이런 사실은 스펄전이 1888년에 탈퇴했던 침례교 연합회 안에서 교리에 무관심한 태도가 만연하게 되었던 이유를 잘 설명해준다. R. 쉰들러는 1889년에 발행된 『검과 흙손』에 기고한 글에서 이렇게 말했다. "요즘에는 소위 특수 침례교 내에 '1689년 신앙고백'을 실제로 거의 좇지 않는 교회들과 사역자들이 너무나도 많다…그들은 신앙고백에 관해 거의 아무런 관심을 기울이지 않으며, 그 조항들 가운데 선택, 특별 구원론, 성도의 견인, 마지막까지 회개하지 않은 자들에 대한 징벌 등과 관련된 내용을 완전히 부인한다."[119] 당시에 일반 침례교(아르미니우스주의를 따르는 침례교)는 침례교 연합회에 정식으로 가입한 상태는 아니었지만, 쉰들러가 지적한 대로 그들이 그

118　ST, 1874, pp. 49-53.
119　ST, 1899, p. 60. 쉰들러는 1887년에 중요한 '하향 논쟁' 기사를 작성하기도 했다.

렇게 하는 것을 막을 방도는 아무것도 없었다. 그는 계속해서 "1689년 신앙고백을 인정하지 않는 침례교 교회는 모두 스스로를 일반 침례교로 분류했고, 그것을 인정하는 침례교 교회는 특수 침례교라는 명칭을 지니게 되었다."라고 덧붙였다.

그러나 하이퍼 칼빈주의자들은 17세기의 표준 신조로 되돌아가는 대신 아르미니우스주의로 향하는 흐름을 멈추기 위해 진지했지만 잘못된 노력을 기울였던 까닭에, 1689년 신앙고백을 참된 칼빈주의자들을 결집시키는 기치로 삼아야 한다는 외침에 주의를 기울이지 않았다.[120] 그들은 좀 더 균형 있고, 성경적인 입장이 가장 강력한 방어막을 형성할 수 있다는 것을 깨닫지 못하고, 스펄전이 원했던 동맹를 맺는 것을 두려워했다. 따라서 『가스펠 스탠더드』의 노선을 따르는 사람들은 1878년에 자신들의 신조를 추가했다. 그런 신조들에는 이미 "우리는 '의무-신앙'과 '의무-회개'를 부인한다...우리는 복음을 무차별적으로 모든 사람에게 전해야 한다는 것을 부인한다."와 같은 주장이 포함되어 있었는데, 그들은 거기에 다음과

---

120   필풋과 같은 저술가들이 청교도와 그들의 신조를 비판했던 글들은 상당한 효력을 발휘했다. 다음의 자료를 참조하라. Gospel Standard, 1858, p. 288, 1861, p. 58.

같은 두 가지 주장을 덧붙였다.

"우리는 사도들이 주님의 직접적인 지시에 따라 특정한 상황 속에서 그들의 청중에게 가르침을 베풀었던 방식에 관한 간략한 기록만을 토대로 다양한 상황 속에서 폭넓게 이루어지는 오늘날의 사역적 가르침을 위한 보편적이고 절대적인 규칙을 도출하는 것이 안전하지 않다고 믿는다...오늘날의 사역자들이 회개하지 않은 자들을 상대로 가르치거나, 다양한 사람이 혼합되어 있는 상태에서 모든 사람에게 무차별적으로 회개하고, 믿고, 그리스도를 영접해 구원을 받으라고 요청하거나, 성령의 새로운 창조 능력에 의존하는 행위를 행하는 것은 한편으로는 피조물의 능력을 사용하는 것이고, 다른 한편으로는 특별 구원론을 부인하는 것이다."[121]

『가스펠 스탠더드』가 스펄전을 다룰 때의 어조는 대개 『질그릇』의 어조보다 훨씬 더 적대적이었다. 후자의 경우는 참으로 놀랍게도 1866년에 다른 누구도 아닌 제임스 웰스가 호의적인 태도를 드러낸 기사를 게재하기까지 했다. 그는 『질그릇』

---

121   What Gospel Standard Baptists Believe: a Commentary on the Gospel Standard Articles of Faith, J. H. Gosden (repr. Chippenham: Gospel Standard Societies, 1993), p. 150.

에 게재해 달라는 뜻으로 뱅크스에게 보낸 편지에서 자기가 관찰한 당시의 상황을 분석한 내용을 전했다.

"나는 『가스펠 스탠더드』 지지자들의 결정을 존중하지만, 그런 결정을 주장하는 정신적 태도는 인정하기가 어렵다. 그런 정신적 태도는 참으로 안타깝게도 형제가 형제를 대적하게 만들고, 자신의 입장에 동조하지 않는 모든 사역자를 멸시하는 등, 교회들 안에서 파괴적인 영향력을 행사했고, 지금도 여전히 그러고 있다...과연 요셉의 형제들은 언제쯤이나 서로 다투는 일을 멈추고, 잘못을 찾아내 없애고, 경건하지 못한 것을 제거해 구원의 마차가 장엄하게 행진하게 할 수 있을까? 모든 사역자와 그리스도인들이 사소한 견해나 차이에 연연하지 않고, 복음이 가르치는 실질적인 구원의 진리를 향한 열정에 사로잡힐 날이 언제나 오게 될까? 두렵건대 이번 세대에는 아닌 듯하다. 나의 생각은 스펄전과 많이 다르지만, 그가 보여준 판단의 독립성과 영혼의 포용력과 생각의 고귀함과 너그러운 마음씨는 극단주의자들을 부끄럽게 만들기에 충분하다."[122]

스펄전은 웰스가 병들어 죽게 되었을 때 개인적으로 위로

122　　Earthen Vessel, 1866, p. 317.

의 편지를 보내 그가 오랫동안 강단에서 해온 것처럼 고난 속에서도 "대장부답게 당당하기를" 바란다고 말했다. 서리 태버내클의 나이든 목회자인 웰스는 인쇄물을 통해 "그(스펄전)의 친절하고 훌륭한 편지"에 감사하는 마음을 전하는 한편, 그간 "비천하고 연약한 피조물"인지라 많은 실수가 있었다고 말했다. 『가스펠 스탠더드』의 한 논평자는 "스펄전의 영혼도 그런 감정을 느끼게 된다면 참으로 행복할 것이다. 진실로 '대장부답게 당당하기 바란다.'...그나 '의무−신앙'을 주장하는 다른 사람들이 그렇게만 된다면 그들의 '의무−신앙'은 사라지고 없을 것이다...육신을 즐겁게 하는 그런 교리들은 건강과 활력이 유지되는 동안에는 통할 수 있을지 몰라도 임종을 눈앞에 둔 상황에서는 그럴 수 없을 것이다."라고 말했다.[123]

뱅크스는 위의 논평자와 같은 맥락의 글을 쓸 생각은 조금도 하지 않았다. 그는 1871년에 스펄전이 "이 섬나라 전체와 가능한 한 가장 멀리 있는 식민지에까지 '성도의 교제를 제한하지 않는 개방적 교회(Open Communion Church)'를 설립하고

---

123 Gospel Standard, 1874, p. 410. 웰스가 마지막으로 출판한 글을 논평한 내용이다. Achor's Gloomy Vale. A Series of Letters addressed to the Church and Congregation.

있다."라고 말하고 나서 "우리는 스펄전을 비난하거나 나쁘게 평하는 말은 한 마디도 하지 않을 것이다. 우리는 그의 사역 초창기에 하나님의 시은좌에서 그와 더불어 한동안 가장 거룩한 교제를 나누었다."라고 덧붙였다. [124]

그로부터 꽤 오랜 시간이 흐른 1886년에 스펄전은 늘 그랬던 대로 뱅크스를 좋게 말하는 글을 『검과 흙손』에 기고했다.

"찰스 워터 뱅크스는 80년을 채우고 세상을 떠났다. 그는 가난한 자를 생각하고, 자기와 생각이 다른 사람들을 너그럽게 대하는 관대한 마음을 지녔다. 희미한 과거 30여 년의 세월 동안, 하이퍼 칼빈주의를 따르는 일부 형제들이 우리를 매우 혹독하게 비판했지만, 그는 입장이 난처했는데도 불구하고 가능한 한 최선을 다해 우리를 우호적으로 대했다. 그는 은혜의 교리들을 사랑했지만, 그것들을 논쟁거리로 만들기를 싫어했다. 그의 일부 동료들도 그렇게 하는 것이 지혜로운 일이라고 생각했다. 전통적인 칼빈주의자들이 하나둘씩 세상을 떠나고 있고, 우리는 그들을 그리워하는 사람들 사이에 있다. 그들은 우리가 바랄 수 있는 모든 것을 갖추지는 않았지만, 선하고, 진실한 사람들

---

124   Earthen Vessel, 1871, p. 11.

이었고, 주님이 가르치신 것을 굳게 믿었다. 그들은 자신이 알고 있는 것을 굳게 붙잡기로 결심했기 때문에 더 많은 것을 배우려고 서두르지 않았고, 그 결과 완전한 복음주의를 구성하는 진리들 가운데 일부를 간과했다. 그러나 자신들이 받은 진리에 충실했던 것은 그들의 큰 장점이 아닐 수 없었다.

그들보다 더 나은 사람들이 그들의 자리를 메우지 못했다. 요즘에는 유력하거나 명망 있는 사람들이 한갓 자신의 명석함만을 의지하고 있다. 겉으로 관대한 척하는 그들의 태도는 명백하고 확고한 모든 신념을 조롱한다. 우리는 차라리 떠나간 이들의 편협함이 그들을 비웃는 이들의 공허함보다 더 낫다고 생각하게 될 지도 모른다. 찰스 워터스 뱅크스는 자기가 추구했던 대의를 위해 글을 쓰고 말씀을 전하는 데 평생을 바쳤다. 그는 늙었을 때도 젊었을 때와 똑같이 지칠 줄 모른 채 성실하게 일했다. 그는 항상 철저하게 이타적인 태도를 취했고, 심지어는 자신이 도움을 청해야 할 상황에서도 기꺼이 다른 사람들을 도우려고 애썼다."[125]

---

125 ST, 1886, p. 246. 오랫동안 『가스펠 스탠더드』의 편집자로 일한 J. C. 필롯에 대해 스펄전이 말한 내용을 참조하라면 『검과 흙손』 1870년호, 332쪽을 참조하라. 그는 그곳에서 "우리는 필롯 씨의 설교를 읽고 많은 유익을 얻었다. 그는 한 가지 주제에 관해서는 타의 추종을 불허했다. 그는 지금 하늘의 상급을 받기 위해 세상을 떠난 상태다. 따라서 만일 그가 지금 살아 있다면 그의 우정 어린 비판에 대해 대답할 필요를 느낄 테지만 그럴 수가 없다." 아울러, "스탠더드 연합"에 관해 스펄전이 언급한 내용을 살펴보려면 『검과 흙손』 1872년 호, 144쪽을 참조하고, 성공회의 한 하이퍼 칼빈주의자에 대해 그가 논평한 내용을 살펴보려면 『검과 흙손』 1879년,

스펄전은 엄격한 침례교 소속이자 하이퍼 칼빈주의의 신념을 지닌 또 다른 목회자 존 하젤턴의 전기를 논평하는 글에서도 똑같이 너그러운 태도를 유지했다. 그의 전기를 저술한 W. J. 스타일스는 한때 스펄전이 운영하는 대학의 학생이었다가 노선을 바꾼 사람이었다. 그는 『존 하젤턴 회고록』을 논평하면서 이렇게 말했다.

> "하젤턴은 우리의 고향 마을인 콜체스터 출신인데다가 우리가 종종 함께 예배를 드렸던 교회의 일원이었기 때문에 그의 전기는 우리에게 특별한 즐거움을 안겨준다. 앞서 언급한 이름들 가운데는 우리의 마음속에서 행복한 기억을 일깨우는 이름들이 많다. 하젤턴은 우리가 하이퍼 칼빈주의로 일컬어야 할 노선을 채택했다...그는 길 박사가 주창했던 그런 견해들을 충실하게 견지했지만, 정중하면서도 평화로운 태도를 잃지 않았다...지금은 세상을 떠났지만 살아 있을 때는 확고한 신념을 보여주었던 선한 사람들을 암시하는 말들은 주권적인 은혜의 교리를 사랑하는 사람들에게 새로운 활력을 제공할 것이다. 그런 사람들 가운데는 우리가 알고, 또 존경하는 사람들이 많다. '엄격한 특

491쪽("이 유형은 지나치게 편협한 감이 있지만, 힘 있게 구축되었다. 지금은 힘이 필요한 때다.")을 참조하라.

수 침례교'의 특별한 장점을 알지 못하는 사람들이 이 회고록을 읽으면 '어디서든지 반대를 받는 파'(행 28:22 참조)의 본질을 알게 되는 유익과 즐거움을 누릴 수 있을 것이다...하젤턴이나 스타일스와 같은 형제들과 우리의 다른 점이 중요하지 않다는 말은 결코 아니지만, 사실은 차이점보다는 공통점이 훨씬 더 많다. 우리는 강한 교리를 주장하는 교회들이 번영하기를 바란다. 그들이 더욱 융성해지기를 기원하는 바이다."[126]

19세기가 끝나기도 전에 모든 형태의 칼빈주의 신앙이 배척을 받았다. 스펄전은 진리가 회복되려면 반세기가 지나야 할 것이라고 예상했는데, 그것은 옳았다. 1950년대에 회복이 이루어지기 시작했을 때 하나님의 섭리를 통해 스펄전의 입장이 중요한 영향력을 행사했다. 칼빈주의를 따르는 침례교 잡지들은 다시 나타난 하이퍼 칼빈주의를 반대했다. 그런 잡지

---

126 ST, 1889, p. 37. 그러나 하젤턴의 아들 존 하젤턴은 이런 관대한 정신에 적절하게 부응하지 못했다. 그는 『굳게 붙잡아라』라는 자신의 책에서 영국 칼빈주의 지도자들을 간단하게 소개하면서 스펄전을 배제했다[Hold fast, (London: Robert Banks, 1909)]. 이 책을 살펴보면, 존 하젤턴과 같은 저술가들 사이에서 역사에 대한 무지가 어느 정도나 만연해 있었는지를 익히 짐작할 수 있다. 존 하젤턴은 복음을 자유롭게 널리 전파하는 것을 비판하고 나서 즉각 "도르트 회의에서 공식화된 진리들"을 높이 기리는 내용의 말을 했다(pp. 14-16). 그러나 도르트 신조는 그가 비판했던 바로 그런 복음 설교를 지지하는 내용이었다. 이와는 대조적으로 스펄전은 냉혹하고, 편협한 하이퍼 칼빈주의의 견해를 토대로 저술된 『한 인도 군인의 자서전 (Autobiography of a Soldier in India)』을 관대하게 다루었다(ST, 1889, p. 239).

들 가운데 최초는 존 도게트가 1954년부터 편집을 맡아 출간했던 『프리 그레이스 레코드(*Free Grace Record*)』였고, 『리포메이션 투데이(*Reformation Today*)』가 그 뒤를 이었다. 후자의 편집자 에롤 훌스는 보편적인 복음 초청에 관한 스펄전의 입장이 『위대한 초청(*The Great Invitation*)』에 언급된 '강단의 부름'과는 다르다고 설명했다. 그와 비슷하게 칼빈주의를 따르는 침례교의 개정된 신조에서는 '의무-신앙'을 반대하는 내용이 언급되지 않았다.[127] 스펄전의 사상이 19세기와는 달리 젊은 사역자들의 사고에 더 큰 영향을 미쳤을 가능성이 크다.[128]

아울러, 스펄전 입장으로의 복귀와 특수 침례교 설립자들 입장으로의 복귀가 동시에 일어난 것도 주목할 만한 현상이었다. 로버트 올리버는 이렇게 말했다.

"교파를 초월한 복음주의 그리스도인들이 개혁주의 청교도 신학을 재조명하려는 운동이 폭넓게 일어나면서 그 일환으로 17세기 신앙고백들을 새롭게 살펴보는 일이 이루어졌다. 많은 그리스도인이 과거

---

127 다음의 자료를 참조하라. Kenneth Dix, 'Particular Baptists and Strict Baptists,' published by the Strict Baptist Historical Society, 1976.

128 다음의 자료를 참조하라. The Sound of His Name, Autobiography of Bernard J. Honeysett (Banner of Truth, 1995).

신학자들의 글에서 최근의 사상에서는 찾아보기 어려운 넓이와 깊이를 발견했다. 침례교인들에게 17세기 신앙고백들의 복원은 19세기 신학을 재평가하는 결과로 이어졌다."[129]

『브리티시 위클리(*British Weekly*)』편집자 윌리엄 로버트슨 니콜은 1921년에 한 친구에게 쓴 편지에서 "과거의 훌륭한 칼빈주의 침례교 예배당들이 많이 사라지는 것을 보니 참으로 유감스럽네."라고 말했다.[130] 나중에 칼빈주의 신앙의 쇠퇴 과정이 멈추게 된 것은 한 선한 사람이 세상을 떠난 지 오랜 세월이 지난 뒤에도 어떻게 그의 증언이 하나님의 적절한 도구로 사용될 수 있는지를 보여주는 생생한 본보기이다. 스펄전은 한때 "너는 네 떡을 물 위에 던져라 여러 날 후에 도로 찾으리라"(전 11:1)라는 말씀을 강해하면서 "우리가 행하는 모든 선한 일에 대해 즉각적인 보상이 주어지기를 기대해서는 안 된다...우리가 전한 하나님의 선한 말씀은 언제나 살아 있을 것이다. 따라서 지금 당장은 아니더라도 언젠가는 우리가 뿌린

---

129 'The Significance of Strict Baptist Attitudes towards Duty Faith in the Nineteenth Century,' Robert W. Oliver, Strict Baptist Historical Society Bulletin, No. 20, 1993, pp. 24–5.

130 William Ronertson Nicoll, Life and Letters, T. H. Darlow (London: Hodder and Stoughton, 1925), p. 453.

것을 거두게 될 것이다."라고 말했다. [131]

　스펄전의 동시대인들 가운데는 이 말씀이 그대로 이루어질 것으로 예상했던 사람들이 더러 있었다. 윌리엄 윌리엄스는 1895년에 쓴 글에서 자신의 한 친구가 "단지 이 시대뿐 아니라 다음 시대를 위해 살라고 권하고 싶네."라고 했던 말을 회상했다. 그는 스펄전이 바로 그런 삶을 살았다고 확신했다. 그러면서 그는 이렇게 덧붙였다.

　"그의 사역은 하나님의 진리만큼이나 오래 지속된다네. 그에 대한 기억은 사라지는 별처럼 없어지지 않고, 그의 사역은 사라져가는 메아리처럼 잊히지 않을 걸세. 그는 계속해서 빛날 것이고, 그가 전했던 진리와 그가 이루었던 사역과 그가 살았던 흠없는 삶은 인류의 삶을 계속 밝혀줄 것이네." [132]

131　The Cheque Book of the Bank of Faith, entry for June 1.
132　Williams, Personal Reminiscences, pp. 85-6.

7.
논쟁이 남긴 교훈

1. 참된 복음주의 기독교는 배타적인 정신을 지니고 있지 않다. 진리에 관한 견해 가운데 보편성을 훼손하는 것은 모두 성경의 가르침에 위배된다. 이것이 스펄전이 엄격한 침례교에 합류할 수 없었던 가장 큰 이유였다. 그는 그들을 "세상에서 가장 훌륭한 사람들"로 일컬었지만,[133] 그들의 교회 대다수가 성찬을 침례를 받은 교인들에게만 국한하는 것을 유감스럽게 여겼다. 그리스도인들은 그런 외적 표징을 둘러싼 신념이 나뉠 수 있을지 몰라도 상징적으로 표현된 영적 현실은 서로

---

133   NPSP, vol. 4, p. 23.

나뉘지 않는다. "나는 세례받은 자들이 세례받지 않은 자들과 교제하는 것을 끔찍한 일로 생각하는 엄격한 침례교 형제들에게 항상 '그러나 그렇게 하지 않을 수 없다. 만일 우리가 하나님의 백성이라면 세례를 받았든 아니든 모든 성도와 교제해야 한다. 그들에게 가시적인 외적 표징을 허락하지 않을 수는 있어도 영적인 내적 은혜로부터 그들을 배제할 수는 없다.'라고 말한다. 만일 어떤 사람이 하나님의 자녀라면, 내가 그에 대해 생각하는 것은 전혀 중요하지 않다. 그가 하나님의 자녀라면 나는 그와 교제할 수 있고, 또 마땅히 그래야 한다."[134]

스펄전은 '성도의 교제를 제한하는 엄격한 침례교(Strict Communion Baptists)'를 다른 교회들과 분리하려는 경향이 하이퍼 칼빈주의의 교의를 통해 더욱더 심각해질 때가 많다고 생각했다. 헌팅턴을 비롯한 하이퍼 칼빈주의의 주창자들은 선택을 믿는 믿음을 구원 신앙의 일부로 간주하고, 그렇게 믿지 않는 그리스도인들의 기독교는 배척하거나 의심의 눈초리로 바

---

[134] MTP, vol. 7, p. 83. 다른 곳에서도 이와 비슷한 말이 많이 발견된다. 이 주제와 관련된 스펄전의 일화를 알고 싶으면 다음의 자료를 참조하라. MTP, vol. 9, p. 152-3.

라볼 때가 많았다.[135] 그들은 그렇게 함으로써 칼빈주의가 필연적으로 배타적일 수밖에 없고, 사람들을 구별해 분리하는 것이 그것의 본질적 특성일 수밖에 없다는 생각을 널리 퍼뜨렸다. 스펄전은 선택의 교리를 남용해 분열을 조장하는 것을 개탄스럽게 여겼다.

"우리는 주 예수 그리스도를 사랑하는 사람이면 누구에게나 손을 내밀어야 한다. 선택의 교리는 선택이라는 위대한 행위처럼 이스라엘과 이스라엘이 아니라 이스라엘과 애굽, 곧 성도와 성도가 아니라 성도와 세상의 자녀들을 분리하기 위한 것이다. 선택을 받아 하나님의 가족에 속한 것이 분명하지만, 선택의 교리를 믿지 않는 사람이 얼마든지 있을 수 있다. 구원의 부르심을 받았지만 유효 소명을 믿지 않거나

---

135 "그들은 항상 다른 사람들을 배제하기를 좋아한다. 그들은 이러이러한 교회가 크게 성장했다는 말을 들으면, 그것이 참된 교회이기를 바란다. 이 말은 곧 그들이 그것이 참된 교회라고 믿지 않는다는 뜻이다. 어떤 젊은 신자가 그들에게 자기가 느끼는 기쁨에 관해 말하면, 그들은 자신의 생각을 선뜻 발설하기를 싫어한다. 이 말은 그들이 마땅히 구원받아야 할 사람들의 숫자보다 하나라도 더 느는 것을 좋아하지 않을 뿐 아니라 구원받아서는 안 될 사람들이 선택의 경계를 넘어와 구원받을까 봐 두려워한다는 뜻이다."(MPT, vol. 8, p. 58). "생쥐 한 마리가 줄곧 상자 안에서만 살다가 어느 날 상자 가장자리로 기어올라와 주위를 둘러보았다. 상자는 목재실에 놓여 있었다. 생쥐는 그 방의 크기에 놀라 '세상은 참으로 넓구나!'라고 외쳤다. 만일 편견에 사로잡힌 사람이 자신의 상자에서 나와 주위를 조금만 둘러본다면 은혜의 영역이 자기가 생각했던 것보다 훨씬 더 넓다는 것을 알게 될 것이다."(MTP, vol. 17, p. 449). "하늘나라에는 우리가 기대하는 것보다 훨씬 더 많은 것이 있을 것이다."(MTP, vol. 12, p. 477).

성도의 궁극적인 구원, 곧 성도의 견인 교리를 믿지 않는 사람들이 많다. 많은 사람의 마음이 그들의 이성보다 훨씬 더 낫기를 진심으로 바란다. 우리는 그들의 오류가 예수님 안에 있는 진리를 의도적으로 거스르는 데서 비롯되었다고 생각하지 않는다. 그것은 단지 그들의 잘못된 판단에서 비롯된 실수일 뿐이다. 하나님이 그들의 실수를 바로잡아 주시기를 기도한다. 만일 그들이 우리가 잘못을 저질렀다고 생각하거든 우리와 똑같이 그리스도인의 예의를 지켜주었으면 좋겠다. 우리가 십자가 앞에서 함께 모일 때, 우리가 모두 그리스도 예수 안에서 하나라고 느끼게 되기를 바란다."[136]

웰스를 대했던 스펄전의 태도를 통해 이미 살펴본 대로, 그는 하이퍼 칼빈주의를 따르는 그리스도인들과의 관계에서 그런 관대한 태도를 취했다. 그러나 그런 견해들이 교회를 편협하고, 무력한 배타주의 속으로 몰아넣는 경향에 대해서는 강력한 비판을 주저하지 않았다.

"나는 포용력 있는 종교를 좋아한다...그러나 어떤 사람들은 매우 이

---

136   NPSP, vol. 6, p. 303. 일찍이 휫필드도 이와 똑같은 태도를 요구했었다. The Works of George Whitefield, vol. 1 (London, 1771), p. 406.

기적이라서 자기만 천국에 가면 그만이라고 생각한다. 물론, 그들은 언약 안에 있다. 그들이 말 그대로 귀한 하나님의 백성이고, 놀라울 정도로 특별한 백성인 것만은 틀림없다. 그들은 다른 사람들과는 다르다. 그 점에 대해서는 의심의 여지가 없다. 그들은 인간의 삶과 죽음을 결정하는 하나님의 처사는 공평하다고 말한다. 그들은 가만히 앉아서 사람들이 정죄받는 것을 보고 싶어한다...그들은 자기 외에는 그 어떤 사람에게도 아무런 감정을 느끼지 않는 것처럼 보인다. 그들은 교활한 손재주로 자신들의 마음을 바싹 말려버렸다."[137]

비록 위와 같은 풍자적인 요소는 없었지만 스펄전의 사역에는 그런 강력한 비판이 일관되게 이어졌다. 예를 들어, 그는 1864년의 한 설교에서 이렇게 말했다.

"참된 평화만이 모든 영적 독점 행위를 종식시킬 수 있다. 자기 교회 밖에는 은혜가 없다고 생각하는 사람들이 있다. 그들은 '우리가 죽으면 지혜도 죽는다'(욥 12:2 참조)라고 말했던 고대 우스 땅의 논쟁자들과 조금도 다르지 않다. 확실히 말하지만, 하나님의 백성은 그런 식

---

137   NPSP, vol. 6, p. 450. 스펄전은 이런 식의 말로 하이퍼 칼빈주의 가운데서도 가장 극단적인 율법 폐기론적 운명주의에 대해 강도 높은 비판을 쏟아냈다.

으로 말하지 않는다. 만일 그들이 그렇게 말한다면, 그것은 이스라엘 자손의 말이 아닌 아스돗의 언어를 말하는 것이다. 이스라엘 자손의 혀는 사랑을 떨구고, 그들의 언어에는 다른 사람들이 구원받기를 바라는 간절한 심정이 담겨있다. 바울 사도를 보라. 로마서 9장보다 예정론을 더 강력하게 전하는 내용은 성경 어디에도 없지만, 그가 과연 뭐라고 말했는지 아는가? 그는 이스라엘이 구원받기를 마음으로 간절히 바라며 기도해 마지않았다."[138]

그는 1881년에도 다음과 같이 설교했다.

"건전한 교리를 지니고 있더라도 심령 안에 그리스도께서 거하지 않으시면 아무짝에도 소용없다. 내가 알고 있는 한, 은혜의 교리를 실수 없이 완벽하게 전했는데도 회심한 사람이 없었던 때가 적지 않았다. 그 이유는 회심을 기대하거나 바라는 간절함이 없었기 때문이다. 정통주의를 추구하던 이전 시대의 설교자들 가운데는 자기들이 숨어서 말씀을 전하던 후미진 장소들을 인내심을 가지고 찾아낸 경건한 소수에게 위로와 확신을 주는 것을 유일한 의무로 생각했던 사람들이 많았다. 그 형제들은 하나님이 적합하다고 생각할 때만 죄인들을 모으

---

138   MTP, vol. 10, pp. 283-4.

실 것이라고 생각했고, 그분이 그렇게 하시든 말든 크게 신경쓰지 않았다. 그들은 그리스도께서 예루살렘을 보고 우셨던 것처럼 죄인들을 위해 우는 것이나 하나님이 종일 양손을 내밀어 죄인들을 그리스도께로 인도하셨던 것처럼 그들을 그분께 나아가라고 초청하는 것이나 예레미야처럼 멸망해 가는 사람들을 위해 슬퍼하는 것에 대해서는 아무런 감정적인 공감을 느끼지 못하고, 혹시나 아르미니우스주의를 용인하게 될까 봐 두려워했다. 설교자와 회중 모두 단단한 껍질 속에 갇혀 마치 자신들의 구원만이 존재의 유일한 목적인 것처럼 살았다."[139]

2. 이 논쟁은 불신자들에게 성경적인 진리들을 잘못된 순서로 제시할 때 어떤 위험이 초래될 수 있는지를 분명하게 보여 주었다. 스펄전은 칼빈주의로 불리는 진리는 무엇이든 다 믿었지만, 죄인들을 회심으로 이끌 때는 그런 진리를 모두 다 제시해야 한다고는 생각하지 않았다. 앞에서 살펴본 대로, 그는 하나님의 주권과 인간의 책임을 둘 다 옹호해야 한다고 믿었

---

139 MTP, vol. 27, p. 600. 스펄전은 건전한 교리보다 사랑을 더 앞세우지는 않았지만, 성경의 가르침대로 교리만으로는 충분하지 않다고 생각했다. "사랑이 없으면 정통 교리는 무력한 형식주의라는 시체가 되고 만다. 예수님에 대한 사랑의 빛과 은혜로움이 사라지면, 진리에 대한 굳은 신념은 편견으로 변질된다…사랑을 잃으면 모든 것을 잃는다"(MTP, vol. 32, pp. 580-1). 교리적 분별력만이 그리스도인의 진위를 가리는 유일한 시금석은 아니다. "교리에는 매우 우둔해도 사랑에는 매우 지혜로운 사람들이 있다."(MTP, vol. 10, p. 142).

지만, 복음을 전할 때는 인간의 책임을 더 강조해야 할 필요가 있다고 생각했다. 하이퍼 칼빈주의는 "마치 철저한 신학자가 되기 전에는 아무도 구원받을 수 없는 것처럼" 죄인들이 그리스도를 믿기도 전에 먼저 신학을 이해하기를 바라는 경향이 있었다.[140] 그러나 불신자들은 "흔히 칼빈주의로 불리는 교리들을"[141] 이해하지 않고서도 얼마든지 복음을 듣고 "그것의 영혼이자 골수"에 해당하는 사실, 곧 그리스도께서 구원자이시라는 사실을 알 수 있다. 스펄전은 성도들이 가장 많은 관심을 기울여야 할 주제는 하나님의 예정 은혜이고, "죄인들이 가장 많은 관심을 기울여야 할 것은 인간의 책임이다."라고 말했다. 동시에 "그들이 값없이 주어지는 하나님의 주권적인 은혜를 찬양하고, 그분의 이름을 칭송하게 하자."라고 덧붙였다.[142]

---

140 NPSP, vol. 4, p. 439.
141 MTP, vol. 13, p. 706. "누구든 이 교리들을 전하는 것이 복음을 온전히 전하는 것이라고 말한다면, 나는 그의 말에 동의할 생각이 조금도 없다…선택이나 궁극적인 견인과 같은 교리들은 구원의 사역을 온전히 이룰 뿐 아니라 그 자체로 더없이 귀중하지만, 복음의 영혼과 골수는 그것들 안에서가 아니라 '하나님이 육신으로 나타난 바 되시고 영으로 의롭다 하심을 받으셨다'(딤전 3:16 참조)라는 위대한 진리 안에서 발견된다. 젊은이여, 영혼들을 구원하고 싶거든 그리스도를 전하라. 그리고 모든 교리를 가르쳐 신자들을 굳게 세워라."
142 NPSP, vol. 4, p. 343

스펄전은 그런 생각을 지녔기 때문에 교회의 가장 지혜로운 설교자들이 항상 가르쳤던 것을 굳게 견지했다. 개혁주의 신앙고백들은 하나님에 관한 교리와 신적 작정에서부터 시작하지만, 설교자들과 성경 교사들은 사람들에게 구원을 전할 때 거기서부터 시작해서는 안 된다. 사도들은 서신서에서는 "선택의 교리를 거의 빼놓지 않고 언급했지만,"[143] (사도행전에서 알 수 있는 대로) 불신자들에게 복음을 전할 때는 그 교리를 전혀 언급하지 않았다. 칼빈도 『기독교 강요』 후기판에서는 이런 접근 방식을 적용해 선택을 다룬 내용을 칭의를 다룬 내용의 뒤로 옮겼다. 그는 성경이 선택의 교리를 신자들에게 구원의 확실성과 안전성을 주지시키고, 누가 그들을 거룩하게 구별했는지를 알려줄 목적으로 사용하고 있다는 것을 인지했다. 선택의 교리를 복음을 들을 준비를 하기 위한 예비 과정으로 도입하는 것은 마치 그것이 구원을 제한하거나 방해하려는 의도로 계획된 듯한 인상을 심어줄 수밖에 없다. 이 점을 가장 잘 파악한 사람은 바로 영국의 종교개혁자 존 브래드퍼드였다. 휫필드는 "선택과 예정이라는 대학에 가라면 먼저 믿음과 회개라는 중등학교를 거쳐야 한다."라는 그의 말을

---

143 Crawford, Mysteries of Christianity, p. 364.

종종 인용했다.[144]

　회개하지 않은 사람들에게 하나님의 작정을 가르치는 것은 복음 전도자의 의무가 아니다. 회심이 이루어질 때 하나님이 작정하신 구원이 이루어지는 것은 사실이지만, 그것을 아는 지식은 구원 신앙과는 아무런 상관이 없다. 크로퍼드가 말한 대로, 하나님의 작정은 그분이 정하신 목적이다. "하나님은 은밀한 계획을 세워 자신의 절차를 정하셨지만, 그것을 다른 사람들을 인도하기 위한 규칙이나 법칙으로 삼아서는 안 된다...선택의 교리는 히브리서 저자가 표현한 대로 '어린아이에게 필요한 젖'이 아닌 '장성한 자에게 속한 단단한 음식'으로 간주해야 한다(히 5:12-14 참조). 따라서 그것을 복음의 부름 앞에 덧붙이거나 모든 죄인에게 제한 없이 전달되는 부름과 초청 앞에 두면 안 된다. 그렇게 하면, 가엾은 영혼들을 불안하고, 혼란스럽게 만들기 쉽다...하나님이 정하신 구원의 수단을 완전히 무시하는 사람은 그 누구든 선택받은 사람들에게 속할 수 없고, 진정으로 죄를 뉘우치고, 복음을 믿는 사람은 그 누

144　George Whitefield's Journals (Banner of Truth, 1960), p. 491. 휫필드는 "건전한 말씀들을 머리로만 아는 것만으로는 아무런 소용이 없다."라고 덧붙였다.

구든 선택받은 사람들에게 속하지 않을 수 없다. 성경의 가장 명확한 선언에 따르면, 죄인의 구원은 오로지 믿음과 회개 외에는 그 어떤 방법으로도 이루어지지 않는다."[145]

3. 이 논쟁은 하나님 앞에서 온전히 겸손해야 할 필요성을 일깨운다. 이 논쟁은 "하나님은 높으시니 우리가 그를 알 수 없고"(욥 36:26)라거나 "깊도다 하나님의 지혜와 지식의 풍성함이여, 그의 판단은 헤아리지 못할 것이며 그의 길은 찾지 못할 것이로다"(롬 11:33)라고 말할 수밖에 없는 우리의 위치를 확실하게 상기시킨다. 우리는 하나님이 일부를 구원하고, 일부를 구원하지 않으시는 이유나 그분이 모든 사람을 유익하게 하기를 원하면서도 많은 사람을 죄 가운데 그대로 남겨두시는 이유를 알지 못한다. 우리는 만인에 대한 그분의 사랑이 선택받은 자들에 대한 그분의 사랑과 똑같지 않은 이유가 무엇이냐고 따질 수가 없다. 우리는 하나님이 어떻게 우리 안에서 역사해 "의지를 통해 행동하게 하면서도" 우리의 행동에 대한 책임을 전적으로 우리에게 지우실 수 있는 것인지를 알지 못한다. 또한, 어떻게 모든 사람을 불러 그리스도를 믿어 구원을 받으

---

145   Mysteries of Christianity, pp. 317, 363, 338.

라고 하는 것이 그분의 선택적 은혜와 조화를 이룰 수 있는지를 알지 못한다. 크로퍼드가 말한 대로, 그런 신비를 해결하려는 다양한 시도가 있었지만. "모두 무참히 실패하고 말았다." 그러면서 그는 "하나님의 은밀한 목적과 같은 불가사의한 문제들에 관해서는 우리의 판단력을 신뢰하지 않는 것이 바람직하다."라고 결론지었다.[146]

이런 문제를 둘러싸고 그리스도인들끼리 격한 논쟁을 벌이는 일은 우리 자신의 이성적인 능력과 논리적인 추론력을 과신하는 데서 비롯될 때가 많다. 18세기 초에 칼빈주의 신념들이 쇠퇴하기 시작할 무렵, 곧 '이성'이 모든 종교적 신앙을 판별하는 시금석으로 자리 잡을 무렵, 정통주의의 수호자를 자처하는 사람들이 하이퍼 칼빈주의로 치우치게 되었다. 그런 연유로 그들 스스로가 바로잡겠다고 나선 바로 그 실수를 똑같이 저지르고 말았다. 제임스 패커는 "합리주의적인 경향이 갈수록 거세졌던 시대에 초자연적인 것을 추구하는 개혁주의의 틀 안에서 일어난 반작용도 똑같이 합리주의적인 경향을

---

146 Mysteries of Christianity, pp. 273, 357.

띠었다."라고 말했다.[147] 그 운동의 깃발을 들었던 조지프 허시는 확실히 그런 비판에 정당성을 부여했다. 그는 논쟁적인 태도로 자신의 견해를 옹호함으로써 진리에 대한 불신을 초래했다. 허시의 글에 대해 "고기보다는 뼈를 더 많이 발견할 때가 많다. 거기에는 분노에 찬 자기중심적인 정신이라는 양념까지 곁들어졌다."라고 불평했던 칼빈주의자는 비단 존 뉴턴 한 사람만이 아니었다.[148]

물론, 스펄전도 다른 사람들과 마찬가지로 겸손을 배워야 했다. 그가 초창기에 이 문제와 관련해 항상 아무런 흠이 없었던 것은 아니었다. 그러나 그에게는 모든 것을 하나님의 은혜로 돌리는 체계가 이성의 능력을 지나치게 신뢰하는 것이라는 점을 알 수 있는 기회가 주어졌다. 그에 대한 스펄전의 성숙한 판단이 큰 가치를 지닌 설교를 전하는 원동력이 되었다.[149] 스펄전은 젊었을 때는 의욕이 지나쳐 칼빈의 생각에 동의한다고 섣불리 주장할 때가 적지 않았다. 하지만, 차츰 하나님 앞에서

---

147   다음의 자료를 참조하라. Toon, Hyper-Calvinism, p. 7, 147.
148   Letter 1 of 'Nine letters to the Rev. Mi R.'(i.e. John Ryland, Jr.), Cardiphonia; or, The Utterance of the Heart (London: Nelson, 1857), p. 362.
149   11장을 참조하라.

더욱 겸손해지면서 인간의 이성을 더는 신뢰하지 않게 되자 하나님의 교회를 이끌었던 모든 참된 지도자와 교사들의 정신을 진정으로 본받기에 이르렀다. 칼빈은 임종이 얼마 남지 않은 시점에서 "주 여호와의 말씀이니라 내가 어찌 악인이 죽는 것을 조금인들 기뻐하랴 그가 돌이켜 그 길에서 떠나 사는 것을 어찌 기뻐하지 아니하겠느냐"(겔 18:23)라는 말씀에 대해 이렇게 말했다. "만일 누군가가 이 말씀은 하나님의 행위가 이중성을 띠게 만든다고 지적한다면, 비록 그 방법과 길은 우리가 알 수 없고, 우리의 생각과 다르더라도 그것이 그분이 항상 바라시는 것이라고 대답할 수 있다. 하나님의 뜻은 단순하지만, 우리의 감각이 개입하면 그 안에는 큰 다양성이 존재하기 마련이다. 더욱이, 우리의 눈은 강렬한 빛 앞에서는 아무것도 볼 수 없기 때문에 하나님이 어떻게 모든 사람이 구원받기를 원하면서도 유기된 자들이 영원한 멸망에 처해 쇠멸하기를 바라시는지를 옳게 판단하기가 불가능하다. 지금 우리는 거울을 보는 것처럼 희미하게 보지만, 우리가 지닌 지성의 한계에 만족해야 한다(고전 13:12)"[150]

---

150 Commentary on the Prophet Ezekiel, vol. 2 (Edinburgh, 1850), pp. 247-8. 나의 친구 제임스 그린베리는 이 주제와 적절하게 관련된 글을 하나 알려주었다. C. P. 베네마는 "칼빈의 예정 교리에 관한 하인리히 불링거의 서신, 1551-1553"에 관해

4. 마지막으로, 칼빈주의가 복음주의를 포기하면, 곧 사람들의 구원이 아닌 이론에 더 많은 관심을 기울이거나 교리들을 수용하는 것이 그리스도를 영접하는 것보다 더 중요한 것처럼 생각하면, 하나의 체계로 변질되어 흡인력을 상실할 수밖에 없다. 앞에서 살펴본 대로, 스펄전은 사역 초기에 존 길과 같은 18세기 침례교인이 추구했던 하이퍼 칼빈주의가 가장 순수한 기독교를 대변한다고 생각하는 사람들의 반발을 샀다. 스펄전은 그런 역사 이해가 틀렸다는 것을 알았다. 그것은 성경의 가르침에 부합하지 않았을 뿐 아니라 죄인들의 회심을 위한 노력을 약화시키는 결과를 낳았다. "나의 존경하는 선임자인 길 박사가 목회하는 동안, 이 교회는 성장하지 않고, 차츰 죽어갔다…그러나 풀러, 캐리, 서트클리프를 비롯한 여러

쓴 글에서 "불링거는 멜란히톤의 신인협력설은 거부했지만, (1) 사도들은 하나님이 모든 사람이 잘 되기를 바라고, 구원을 받아 진리를 알기를 원하시며, (2) 멸망하는 사람들은 운명적인 필연성에 내몰려 어쩔 수 없이 멸망하는 것이 아니라 그들이 하나님의 은혜를 고의로 거부했기 때문이고, (3) 구원받는 사람들은 하나님의 순전한 은혜로 구원받는 것이며, 믿음은 그분의 선물이라는 사실을 분명하게 이해했다고 가르쳤다."라고 말했다(The Sixteenth Century Journal XVII, 1986, pp. 439-42). 스펄전은 50세 이후에 이렇게 말했다. "나의 신학적 입장은 처음 설교를 전하기 시작했을 때와 똑같고, 지금도 거의 홀로 그런 입장을 고수하고 있다…나는 칼빈의 성숙한 시절의 입장, 곧 그가 젊은 나이에 쓴 『기독교 강요』의 입장이 아닌 그의 후기 저서의 입장과 거의 똑같다. 오늘날, 그런 입장을 취하는 사람은 거의 없다."(C. H. Spurgeon: The Full Harvest, p. 393). 스펄전은 칼빈의 『기독교 강요』가 여러 번 개정된 것을 알지 못했던 것으로 보인다. 아마도 칼빈도 스펄전처럼 "하나님의 말씀이 모순이라기보다는 차라리 나 자신이 모순이라고 말하는 것이 백 배나 더 나을 것이다."라고 기꺼이 말할 수 있었을 것이다.

사람이 함께 모여 인도에 선교사들을 보내기 시작한 날부터 은혜로운 부흥의 여명이 밝아오기 시작했다."[151]

이와 관련해 주목할 만한 한 가지 사실은, 복음이 모든 사람에게 자유롭게 제시된다는 것을 새롭게 인식하자 잉글랜드에서 해외 선교의 시대가 열리게 되었다는 것이다. 방법은 달랐지만, 그 점은 스코틀랜드에서도 마찬가지였다. 제임스 워커가 말한 대로, 토머스 보스턴과 '매로우 사람들(the Marrow men, 18세기 스코틀랜드 장로교 사역자들과 에드워드 피셔가 1645년에 저술한 『현대적 신성의 정수(*The Marrow of Modern Divinity*)』라는 책에 제시된 신학 사상을 추종했던 사람들을 가리킨다/역자주)'이 "성경의 선교적 정신에 온전히 참여했고", "칼빈주의 교리가 (복음에 의한) 세계 정복의 열망과 노력과 전혀 모순되지 않는다는 것을 깨달았다."[152] 선구적인 남아프리카 선교사였던 스코틀랜드의 로버트 모팻은 이런 재발견을 통해 이루어진 뛰어난 결과 가운데 하나였다. 갓 시작한 쿠루만의 선교 출판국에서 『웨스트민

---

151   MTP, vol. 11, p. 428. 다음의 자료도 아울러 참조하라. ST, 1883, pp. 72-5. One Heart and One Soul: John Sutcliff of Olney, his friends and his times, Michael A. G. Haykin (Darlington: Evangelical Press, 1994).

152   James Walker, The Theology and Theologians of Scotland (Edinburgh, 1872), p. 60.

스터 소요리문답』을 발행한 칼빈주의자였던 그는 조금도 주저하지 않고 이렇게 말했다.

> "구원자의 왕국의 확장이나 영광과 직접적인 관련이 없는 것은 세상에서 추구할 아무런 가치가 없다. 무서운 구덩이를 향해 달려 내려가고 있는 수많은 사람들을 항상 볼 수만 있다면, 우리의 열정도 그에 비례할 것이다. 화목의 사역을 맡은 우리에게 많은 것이 달려 있다. 확신하건대, 우리의 구원자이신 하나님은 만민이 구원받기를 바라신다."[153]

물론, 하이퍼 칼빈주의의 견해를 지닌 설교자들의 설교도 많은 사람의 회심을 이끄는 수단으로 사용되었다. 스펄전은 존 워버튼과 존 커쇼와 같은 사람들에게 감사했다. 그리스도 중심적인 삶을 살았던 사람들은 종종 자신들의 체계를 뛰어넘었다.[154] 그러나 스펄전은 하이퍼 칼빈주의를 성경적인 가르침으로 간주했던 사람들이 전하는 설교는 대부분 해를 끼칠 수

---

153 John S. Moffat, The Lives of Robert and Mary Moffat (London: T. Fisher Unwin, n.d.), p. 124. 모팻이 암시한 성경 구절은 디모데전서 2장 4절이었다.
154 다음의 자료를 참조하라. Memorials of John Warburton, ed. G. Hemington (London: F. Kirby, 1892). John Kershaw, 1792-1870, Autobiography (repr. Sheffield: Gospel Tidings Publications, 1968).

밖에 없다고 생각했다. 그 체계는 진리를 왜곡하거나 과장함으로써 중요한 교리들을 그릇 제시했기 때문에 더 넓은 기독교 세계에 유익보다는 해를 더 많이 끼쳤다. 스펄전은 칼빈주의로 불리는 진리들이 하이퍼 칼빈주의가 기정사실화된 전통으로 입지를 굳힌 곳에서 흔히 그랬던 것처럼 열정적인 복음 전도를 금지한다는 인상을 심어준다면, 그것들이 교회들 안에서 널리 받아들여질 가능성은 거의 없을 것이라고 확신했다. 그는 "말로 표현할 수 없을 만큼 슬프지만, 나는 은혜의 교리가 운명하신 그리스도의 무덤 입구를 가로막은 거대한 돌로 전락하는 것을 목격했다."라고 말했다.[155]

하이퍼 칼빈주의는 오늘날에도 여전히 존재하지만, 이 문제를 둘러싸고 새로운 논쟁을 벌이기보다는 은혜의 교리가 복음적인 설교와 조화를 이룬다는 증거를 삶을 통해 보여주는 것이 훨씬 더 중요하다. 횟필드와 스펄전을 비롯해 최근의 로이드존스와 같은 사람들의 사역은 수천 권의 책이 할 수 있는 것보다 더 많은 것을 입증해 보였다. 그런 설교는 그리스도에

대한 더욱 깊고, 새로운 헌신을 통해서만 이루어질 수 있다. 그런 것이 견해를 바꾸는 것보다 훨씬 더 필요하다. 스펄전은 사역하는 동안 내내 교리의 순수성을 지키려고 최선을 다했지만, 마지막 말은 항상 다음과 같았다.

"교리는 결국 그리스도께서 앉아 계시는 보좌가 아니고 무엇이겠는가? 그 보좌가 비어 있으면, 우리에게 무슨 의미가 있겠는가? 교리는 제단의 부삽과 집게요, 그리스도께서는 그 위에서 불타 없어지는 희생 제물이시다. 교리는 그리스도의 의복이다. 그것은 상아 궁전에서 나오는 몰약과 계피와 침향의 향기를 풍긴다. 그런 점에서 그것은 우리를 기쁘게 하지만, 의복을 사람, 곧 우리 주 예수 그리스도의 인격과 똑같이 생각해서는 안 된다."

3부
증거 자료

"일관된 신조, 곧 중국의 칠교판처럼 함께 모이면 정사각형을 형성하는 체계적인 신조를 병적일 정도로 갈망하는 사람들은 자신의 영혼을 편협하게 만들기 십상이다. 그들은 모든 진리를 단 여섯 개의 공식으로 이해할 수 있다는 헛된 공상에 젖어 그런 식으로 이해할 수 없는 교리적 진술은 모조리 무가치한 것으로 배격한다. 자기들이 조화시킬 수 있는 것만을 믿는 사람은 신적 계시의 대부분을 불신할 수밖에 없다. 그들은 부지중에 합리주의자들의 길을 따른다. 성경에서 발견하는 것이면 무엇이든 믿음으로 받아들이는 자들은 모든 것을 다 조화시키는 이론을 구축할 수 없더라도 두 가지든 스무 가지든 2만 가지든 모두 다 기꺼이 받아들일 것이다."

– 스펄전, "믿음에 관해"
(『검과 흙손』, 1872, p. 256.)

8.
두 가지 사례: 존 길과 윌리엄 헌팅턴

존 길 박사(1697-1771)는 스펄전이 태어나기 약 60년 전에 세상을 떠났지만, 두 사람의 인생은 서로 연관된 점이 많았다. 스펄전은 10대였던 1852년에 당시에 재출판된 길의 주석 책을 월부로 구독했고, 그로부터 2년 뒤에는 길이 한때 사역했던 사우스워크 목회지를 계승했다. 그 후 그는 교회 부속실에서 길의 의자와 그의 초상화를 항상 볼 수 있었다. 그는 자신의 전임자인 그의 설교단을 목회자 대학에서 강의할 때 책상으로 사용했다. G. H. 파이크는 스펄전이 초기에는 길 박사를 이따금 매우 만족스럽게 언급하곤 했다고 말했다.[1] 우리가 스펄전의 글을 읽어본 바에 따르면, 그가 사는 동안 내내 길 박

---

1   Pike, vol. 1, p. 123.

사에 대한 태도가 달라진 기색은 조금도 없었다. 스펄전은 길의 신학에 나타난 하이퍼 칼빈주의의 경향을 비판하기는 했지만, 처음부터 항상 그를 존중하는 어조를 유지했다. 그는 뉴 파크 스트리트 교회의 회중에게 "길 박사는 나의 랍비가 아니다."라고 말하곤 했지만, 그가 남긴 글과 책에 관해서는 항상 어느 정도의 존중심을 유지했고, 1879년에는 자신의 비서인 J. L. 키스에게 "나의 아들 찰스를 위해 값싸고, 좋은 길 박사의 주석 책을 사다 주었으면 좋겠소."라고 말하기까지 했다.[2]

길은 하이퍼 칼빈주의의 특징으로 자리 잡은 것(설교자는 모든 사람에게 그리스도를 믿어 구원을 받으라고 권유해서는 안 된다는 것)을 처음 주창한 사람이 아니었다. 그런 주장을 최초로 제기한 사람은 회중 교회 목회자인 조지프 허시였다. 그는 1707년에 『하나님의 은혜의 제시가 아닌 은혜의 효력(God's Operations of Grace but No offers of Grace)』이라는 책을 출간했다. 그 후 허시의 견해는 젊은 존 길의 친구이자 장려자였던 존 스케프를 통해 칼빈주의를 따르는 침례교인들 사이에서 널리 권장되었다. 길은 1719년에 사우스워크의 호슬리다운에 있는 침례교회에 청

2   Letters of Charles Haddon Spurgeon, p. 88.

빙되었다. 그 중요한 교회의 지도자라는 길의 위치와 그의 박학한 학식(나중에 애버딘의 마리샬 대학은 그의 학식을 인정해 1748년에 그에게 신학 박사 학위를 수여했다)은 그의 경건한 삶과 결합하여 그에게 다른 사람들이 정통 칼빈주의로 여겨 받아들일 수밖에 없었던 가르침을 널리 전할 수 있는 영향력을 부여했다. 길은 그를 따랐던 다른 많은 사람들과는 달리 자신이 시도한 변화를 잘 인식하고 있었다. 그는 1729년에 자신의 교회가 복음으로 그리스도를 제시해야 한다는 청교도의 일반적인 신념이 생략된 새로운 "믿음과 실천의 선언문"을 채택하도록 이끌었다. 허시의 새로운 가르침을 퍼뜨리기 위해 1720년 이후로 약 70년 동안이나 1689년의 침례교 신앙고백을 단 한 번도 새로 인쇄한 적이 없었다는 사실은 매우 의미심장하다.

『검과 흙손』에 실린 한 기사는 18세기의 특수 침례교에 일어난 변화를 해설하면서 이렇게 말했다.

"그들은 칼빈주의를 포기하지는 않았다. 다시 말해, 그들은 1689년의 신앙고백을 부인하지는 않았지만, 율법폐기론에 가까운 무엇인가를 외피로 만들어 덧씌웠고, 많은 사역자들이 전했던 복음과 교회의 생명을 갉아먹었다. 하나님의 주권을 과장된 비율로 주장하고 가르쳤으며, 도덕적 책임을 실질적으로 배제했고, '회개하고 복음을 믿어야 할' 죄인들의 의무를 무시하거나 심지어는 부인했으며, 모든 복음 초청과 권유를 은혜로운 상태에 있다고 추정되는 사람들에게만 국한시켰다."[3]

스펄전이 위의 글을 직접 쓰지는 않았지만, 그것이 그의 일반적인 견해였던 것은 분명하다. 그는 "많은 사람이 길 박사의 이름과 동일시하는 신학 체계는 많은 교회를 영혼까지 차갑게 식혀버렸다. 그것은 자유로운 복음 초청을 배제하고, 예수님을 믿는 것이 죄인들의 의무라는 사실을 부인하게끔 종용했다."라고 말했다.[4]

이러한 상황이 초래된 데에 길이 어느 정도까지 책임이 있는지는 이따금 논쟁이 벌어지곤 했다. 그가 율법 폐기론으로 불리는 견해(십계명으로 요약된 도덕법을 신자들의 삶의 규칙으로 간주하지 않는 견해)를 주장하거나 소위 '전가된 성화'를 믿지 않았던 것은 분명하다. 그는 죄인들에 대한 하나님의 심판이 순수한 주

---

3 ST, 1889, p. 600.
4 Autobiography, 1879, vol. 1, p. 310.

권적 결정에 따른 사안이라는 개념도 신중하게 논박했다. 그런 점에서 그를 계승한 일부 사람들은 모든 하이퍼 칼빈주의자들에게 크고 부당한 오명을 안겨준 것이나 마찬가지다.

그러나 스펄전은 길에게 매우 관대했던 것으로 보인다. 그는 "길은 하이퍼 칼빈주의의 최고 지도자이지만, 그의 추종자들이 스승을 넘어서지 않았더라면 그렇게까지 그릇된 길로 치우치지는 않았을 것이다."라고 말했다.[5] 하이퍼 칼빈주의 사상의 주춧돌이 길의 사상, 특히 그가 아르미니우스주의를 논박하기 위해 저술한 두 권짜리 책에서 발견되는 것은 분명하다. 그는 이 책에서 인간은 "그리스도께 나오거나 그분을 믿어 영혼의 구원을 받아야 할 책임이 없다."라고 길게 주장했다. 그 이유는 그들이 "하나님의 특별한 은혜가 없이는" 그렇게 할 능력이 없기 때문이다. 거듭나지 않은 사람들은 단지 "역사적 신앙", 곧 복음의 사실에 동의하라는 부름을 받을 뿐이다. 길은 성경의 가르침에 대해서는 "내가 아는 한, 모든 사람, 곧 인류에 속한 개개인에게 회개하고, 그리스도를 믿어 구원을 받으라고 권유하거나 명령하는 성경 구절은 단 한 구절도 없다."라

---

5 Commenting and Commentaries, p. 9.

고 말했다.[6] 인간은 단지 자기가 받은 "계시"의 한도 내에서만 책임이 있다는 것이 그의 지론이었다. 일반적인 사람들에게는 "외적" 계시만 주어졌기 때문에 그들에게 요구되는 것은 구원 신앙이 아닌 역사적 신앙뿐이다. 그와는 달리, 선택받은 자들에게는 "내적" 계시가 주어져 자신의 타락한 상태를 "깨닫고", 그리스도를 알게 되어 "그분께 나아가 그분을 믿고, 의지하게 된다."[7] 복음은 "깨달은 죄인들"이 아닌 "죽은 자들"에게는 아무런 약속도 하지 않는다.[8]

길은 하나님이 타락한 모든 사람이 구원받기를 바라시는 것처럼 묘사한 성경 구절은 모두 그들의 구원과는 아무런 관련이 없다고 주장했다. 그는 "너희가 어찌 죽고자 하느냐"(겔 33:11)라는 하나님의 말씀은 "영원한 죽음이 아닌 일시적인 죽음이나 그들의 일시적인 상황과 관련된 것, 또는 일상생활의 조건이나 삶의 상황을 가리키는 의미로" 이해해야 한다고 말했다.[9] 그와 비슷하게 "내가 네 자녀를 모으려 한 일이 몇 번

---

6   The Cause of God and Truth (new ed,. London, 1814), vol. 2, pp. 56-7.
7   Ibid., vol. pp. 96-8.
8   Ibid., vol. 1, p. 63.
9   Ibid., vol. 1, p. 77.

이더냐"(마 23:37)라는 예수님의 말씀도 구원하기 위해 모은다는 의미가 아니라 그리스도의 가르침을 듣고 "일시적인 파멸을 면하는 데" 필요한 역사적 신앙을 지니게끔 하기 위해 모은다는 의미로 이해해야 한다. 그들을 모으려는 그리스도의 뜻은 "그분의 신성에서 비롯된 뜻이 아닌 그분의 인성에서 비롯된 뜻으로 이해해야 한다. 후자는 전자와 모순되지는 않지만, 전자에 종속되며, 항상 그것과 일치하는 것도 아니고, 또 항상 성취되는 것도 아니다."[10]

스펄전은 길이 그의 이름이 나붙은 신학 체계에 대해 "아무런 책임이 없지만", 비난을 면할 수는 없다고 말했다. 제임스 베넷은 길의 학식과 노력과 경건한 삶을 칭찬하고 나서 그의 글에는 지혜보다는 지식이 더 많이 포함되어 있다면서 "무엇보다도 그의 글이 과장된 칼빈주의를 지향하는 경향을 확산시킨 것은 매우 개탄스러운 일이 아닐 수 없다."라고 덧붙였다.[11] 스펄전은 길을 주석학자로서 높이 존중했고, 그의 주석에 "편

---

10 Ibid., vol. 1, pp. 87-8, vol. 2, p. 77. 이와 동일한 주장이 두 권의 책 곳곳에서 거듭 되풀이되고 있다.
11 J. Bennett, The History of the Dissenters, from the Revoution to 1808 (London, 1823), vol. 2, p. 642.

협한 생각과는 전혀 무관한 표현들이" 포함되어 있다고 말했지만,[12] 다음과 같은 단서를 덧붙였다. "그는 헛된 상상을 일삼는 경우가 거의 없었지만, 이따금 모든 상황과 세세한 세부 내용까지 의미를 찾으려는 풍유적 해석을 시도하거나 자신의 신념과 일치하지 않는 성경 본문과 마주쳤을 때는 좀 더 체계적인 형태를 갖추게 하려고 하나님의 말씀을 심각하게 난도질하는 경향이 있었다."[13]

침례교 목회자이자 역사가인 조지프 이비메이(1773-1834)는 길의 가르침이 복음 전도를 위한 설교에 미치게 될 불가피한 영향을 지적했다. 그는 길이 불신자들에게 전한 한 편의 설교를 예로 들어 그 결론을 인용한 뒤에 이렇게 말했다.

"주님은 '너희도 만일 회개하지 아니하면 이와 같이 망하리라'(눅 13:3)라고 말씀하셨지만, 여기에는 양심을 일깨우는 호소가 전혀 나타나 있지 않다. 바울은 '우리가 다 그리스도의 심판대 앞에 나타나게 되어...우리는 주의 두려우심을 알므로 사람들을 권면하거니와...그러

---

12   Autobiography, 1879, vol. 1, p. 310.
13   Commenting and Commentaries, p. 9.

므로 우리가...그리스도를 대신하여 간청하노니 너희는 하나님과 화

목하라'(고후 5:10, 11, 20)라고 말했지만, 여기에는 죄의 위험성을

진지하게 생각해 보라고 간곡히 권유하는 말도 없으며, 하나님을 알

지 못할 뿐 아니라 예수 그리스도의 복음에 순종하기를 거부하는 자

들이 겪게 될 끔찍한 운명을 경고하는 말도 없고, '앞에 있는 소망을

찾으려고 피난처를 찾으라'(히 6:18)라는 말이나 '임박한 진노를 피

하라'(마 3:7)라는 말은 물론, 예수님의 중보 사역을 의지해 기도함으

로써 용서와 긍휼과 은혜를 구하라는 말도 전혀 나타나지 않는다. 영

원한 구원을 구하는 것과 관련해서 하는 말이라고는 고작 '은혜의 수

단에 주의를 기울여라. 그러면 적절한 때에 주님이 그것을 통해 그대

들을 부르실 것이다.'라는 말뿐이다. 이것이 과연 바울이 '영광의 소

망'으로 일컬은 그리스도를 전하는 설교일까?"[14]

길은 50년이 넘게 사우스워크에서 자신의 소임을 다했다.

그의 임종이 가까웠던 1771년 즈음에는 하이퍼 칼빈주의가 서

---

14 History of the English Baptists, Joseph Ivimey (London, 1823), vol. 3, pp. 460-1. "거짓 칼빈주의"에 관한 그의 말도 아울러 참조하라(p. x). 그는 또한 1689년의 신앙고백을 버린 침례교 신자들에 대해서도 언급했다. 토머스 네틀스는 이비메이가 길의 글에서 발견되는 직접적인 내용보다는 그가 말하지 않은 것을 임의로 추론해서 말했다고 비판했지만, 길에 대한 네틀스의 옹호가 정당하다고 보기는 매우 어렵다. 다음의 자료를 참조하라. T. J. Nettles, His Grace and for His Glory (Grand Rapids: Baker Book House, 1986), p. 86.

서히 쇠퇴해가는 중이었다. 그 주된 이유는 비국교도 교회들 사이에서 일어난 복음주의의 부흥을 통해 복음적인 칼빈주의가 되살아난 영향 때문이었다. 최근의 한 저술가는 "합리성에 감명을 받는 경향은 차츰 줄어들고, 새롭게 부흥한 종교의 뜨거운 열기에 온기를 느끼는 시대가 도래했다. 하이퍼 칼빈주의는 논쟁을 통해서보다는 합리주의에 매력을 느끼지 못하는 새로운 시대의 출현을 통해 그 입지를 더 많이 잃게 되었다."라고 말했다.[15] 영국에서 말씀의 능력이 나타났다는 새로운 증거가 출현하자 정통주의를 '논리적으로' 옹호하는 것에 관한 관심이 줄어들었다. "논쟁을 좋아하는 태도가 영혼들을 그리스도께로 인도하는 일을 효과적으로 수행하는 것은 아니다."라는 결론에 도달한 칼빈주의자는 단지 제임스 업튼 한 사람만이 아니었다.[16]

물론, 칼빈주의를 따르는 침례교 신자들이 모두 하이퍼 칼빈주의를 추종했던 것은 아니었다. 예를 들어, "브리스톨 침례

---

15 Continuity and Change: London Caalvinistic Baptists and the Evangelical revival 1760-1820, R. Philip Ronerts (Wheaton, Illinois: Richard Owen Roberts, 1989), p. 166.

16 Ibid., p. 135. 다음의 책에서 인용했다. James Upton, Letters on the Excellence and Influence of Evangelical Truth (1819), p. 40.

교 신학교"는 좀 더 복음적인 칼빈주의를 좇는 다수의 목회자를 양성했고, 1773년에 사우스워크 교회에 청빙된 길의 후임자 존 리펀도 그들 가운데 한 사람이었다. 리펀의 청빙은 곧바로 교회 내에서 논쟁을 불러일으켰고, 약 40명의 교인들이 항의의 표시로 교회를 떠났다. 그 결과, 하이퍼 칼빈주의 논쟁과 관련된 길의 가르침은 더 이상 유지되지 않는 것처럼 보였다. 평화를 좋아했던 리펀은 자신의 책에서 길의 하이퍼 칼빈주의를 온건하게 다루었지만, 길이 17세기 칼빈주의의 입장에서 벗어난 사실에 대해서는 침묵하지 않고, "회개하지 않은 죄인들에게 자유롭게 복음을 전하는 일에 대해 두 학자는 서로 다른 입장을 취했다. 즉 그리스프 박사는 그런 복음 설교를 실천에 옮겼고, 길 박사는 그것을 거부했다."라고 말했다.[17]

18세기 말경에 리펀과 같은 사람들의 견해가 풀러를 비롯한 여러 사람이 청교도와 조나단 에드워즈에게서 재발견했던 신념들과 결합되었다. "베넷은 풀러가 존 오웬 박사의 저서

---

17 J. Rippon, Brief Memoir of the Life and Writings of Gill, p. 71. 길은 청교도였던 토비아스 크리스프의 저서를 1755년에 다시 발행했다. 리펀은 요한복음 5장 40절에 대한 길의 주석이 그가 다른 곳에서 인간의 책임에 관해 말한 내용과 일치하지 않는다고 지적했다(pp. 46–7).

를 읽고서 '죄인들의 초청과 관련해 자신의 침례교 동료들 사이에서 하나님의 사자로 통하는 길이나 브라인이 아닌 번연과 견해가 같은 한 사람을 발견했다.'라고 말했다."[18] 리펀이 1790년에 1689년의 신앙고백을 재발간한 것도 이러한 사상운동의 일환이었다. 이런 변화의 과정을 자세하게 설명했던 필립 로버츠는 "1760년부터 1820년 사이에 브리스톨 침례교 신학교를 졸업한 몇몇 사람이 런던의 침례교회 강단들을 장악해 복음적인 칼빈주의를 위한 강력한 변화의 원동력을 제공했다...세기가 바뀌면서 하이퍼 칼빈주의의 목적과 취지는 침례교 협회와 관련된 교회들 사이에서 진부한 사안이 되고 말았다."라고 말했다.[19]

정확히 이 시점에서 런던에서 새로운 목소리가 들려왔다. 하이퍼 칼빈주의를 소멸 직전의 상황에서 건져낸 사람은 다름 아닌 윌리엄 헌팅턴(1745-1813)이었다. 당시에 길의 입장을 고수했던 사람들이 더러 있었다. 1773년에 불만을 품고 리펀의

---

18   J. Bennett, History of the Dissenters During the Last Thirty Years (London. 1839), p. 472. 베넷은 청교도를 지지했고, 하이퍼 칼빈주의자를 반대했다. 그는 또한 일부 영국 칼빈주의자들이 뛰어난 학자인 조나단 에드워즈를 '분별없이' 다루었다고 지적하기도 했다(History of the Dissenters From the Revolution, vol. 2. p. 501).

19   Continuity and Change, pp. 130-1. 로버츠는 최소한 네 곳의 런던 침례교회가 하이퍼 칼빈주의 진영에서 빠져나왔다고 말했다(p. 163).

교회에서 탈퇴한 소수파의 지도자였던 윌리엄 버튼도 그 가운데 한 사람이었다. 버튼은 1785년에 앤드류 풀러를 논박했던 장본인이었다. 그러나 인기 있는 설교자이자 하이퍼 칼빈주의의 열정적인 옹호자였던 한 사람을 꼽으라면 단연코 헌팅턴이 거기에 해당했다. 한때 석탄 하역부로 일히다기 독학으로 공부를 마친 헌팅턴은 1782년에 런던에 도착했다. 많은 군중이 곧 그를 따랐고, 그를 위해 티치필드에 "프로비던스 교회" 건물이 신축되었다. 그의 전기 작가 가운데 한 사람은 헌팅턴이 했던 "바울 이후로 지구상에 나타난 그 어떤 사람보다 위대한 교사였다."라는 말은 과장일지 몰라도 "그가 당대에 가장 위대한 설교자였다는 것은 의심의 여지가 없는 사실이다."라고 말했다.[20]

헌팅턴이 다양한 크기의 책을 약 100여 권 저술한 것은 사실이지만, 그를 일반적인 의미에서 교사로 일컫기에는 어려울 듯하다. 그의 설교와 편지들에는 때로 매우 헌신적인 열정을 드러내는 훌륭한 내용이 포함되어 있지만, 성경을 진지하

---

20 Thomas Wright, The Life of William Huntington (London: Farncombe, 1909), pp. 186, 138.

게 해설한 내용은 어디에도 나타나 있지 않다. 그의 글에는 하이퍼 칼빈주의의 주된 요점들이 모두 잘 드러나 있고, 존 웨슬리를 비롯한 아르미니우스주의자들이 지옥에 갈 것이라는 내용이 포함되어 있다. 1770년대의 영국에서는 아르미니우스주의의 신념을 지닌 그리스도인들과 칼빈주의의 신념을 지닌 그리스도인이 앙숙이 되어 서로를 비난하는 불행한 사태가 벌어진 것은 사실이지만,[21] 후대의 하이퍼 칼빈주의자들 사이에서 그런 상황이 만연하게 된 데에는 헌팅턴의 역할이 매우 지대했다.

헌팅턴은 이미 존재하는 하이퍼 칼빈주의의 특징들(특히 '권고와 초청과 경고의 말을 하지 않는 경향')에[22] 십계명이 신자들의 '삶의 규칙'이 아니라는 주장을 보탰다.[23] 그것은 그때까지

---

21 베넷은 이 논쟁에 관해 이렇게 말했다. "양측 모두 특정한 진리들에 대해 자긍심을 느꼈다. 한쪽은 하나님의 주권과 은혜 및 인간의 의존적 상태를, 다른 한쪽은 하나님의 무한한 정의와 거룩함 및 인간의 도덕적 책임을 각각 강조했다. 그들은 신앙은 자기편 사람들에게만 해당하며, 적에게는 어떤 행위를 하더라도 정당하다고 생각했던 듯하다. 바꾸어 말해, 그들은 형제의 잘못이나 죄가 분노해야 할 일이 아닌 안타깝게 여겨 슬퍼해야 할 일이라는 점을 까맣게 잊고, 서로 반대 진영의 의견을 논박하는 데 모든 분노를 쏟아부었다."

22 The Celebrated Coalheaver; or Reminiscences of the Rev William Huntington, Ebenezer Hooper (London, 1871), p. 46.

23 "십계명은 거룩한 삶의 규칙이 될 수 없다."["The Law Established by Faith in Christ," pp. 53-4, Huntington's Works (London: Bensley), vol. 25]. 헌팅턴은 율법을 논박하는 데만 집중하느라고 리펀이 길의 저서에서 발견한 중요한 특징을 무시

만 해도 오로지 율법 폐기론만이 주장했던 견해였다. 헌팅턴이 곧 칼빈주의나 아르미니우스주의를 따르는 모든 기독교 주류 진영으로부터 격리된 것은 당연한 결과가 아닐 수 없었다. 그는 소수의 동시대인을 제외한 모든 사람을 비판함으로써 그런 상황에 대응했다. 해외 선교를 비롯해 다양한 복음 전도 활동이 활발하게 진행되고, 복음적인 삶과 증언이 왕성하게 이루어지는 시대에 헌팅턴은 "위선자들을 양산하는 것이 이 시대의 일이다...나는 런던에 영적인 사역자가 단 한 사람도 없다고 생각한다. 이 나라 전체를 통틀어서 그런 사역자는 단 세 명밖에 없다."라고 주장했다.[24] 그가 그런 견해를 지녔기 때문에 자신의 청중에게 과거의 가장 뛰어난 기독교 문헌을 읽으라고 권하는 일에도 전혀 무관심했다. 그는 그런 책들을 "죽은

했다. "그는 우리의 가장 뛰어난 목회자들과 더불어 신자들은 율법으로부터 온전히 구원받았기 때문에 율법의 약속으로부터 생명을 기대하거나 그 위협적인 형벌로부터 죽음을 두려워해야 할 이유가 전혀 없다고 주장했다. 그러나 율법은 복종의 규칙으로서 성도들과 죄인들 모두에게 구속력을 지닌 보편적인 의무를 부과한다. 하나님이 하나님이시고, 인간이 인간인 한, 율법은 그런 식으로 영원히 존재한다."(Brief Memoir, p. 100). 후퍼는 헌팅턴이 "새롭고, 독특한 교리를 옹호함으로써 율법 폐기론자라는 이름을 얻었다."라고 말했다. 존 엔젤 제임스는 헌팅턴을 강하게 비판하고 나서 이렇게 말했다. "무엇이 율법 폐기론인가? 그것은 복음을 율법과 완전히 분리시켜 도덕적 통치의 원리들을 도외시한 채 주권적인 은혜만을 의지하는 것, 곧 율법을 타파하고, 그것을 어긴 자들에게는 오로지 자비만을 베풀려는 입장을 가리킨다. 그러나 복음의 모든 축복은 물론, 율법의 모든 의무에 대해서도 똑같이 참된 믿음을 행사해야 한다."[J. A. James, The Course of Faith, or the Practical Believer Delineated (London, 1857), p. viii].

24   The Lamentations of Satan, part 2, 1812, pp. 67-8. Celebrated Coalheaver, p. 44.

자들의 두뇌"라고 혹평한 것으로 유명하다. 그가 임종했을 때 길 박사를 비롯해 한두 사람의 책들을 소장하고 있었던 것으로 밝혀졌지만, 생전에는 그 어떤 주석가의 책도 소유할 의도가 없다고 말했다.[25]

헌팅턴은 유아 세례를 주장하는 독립 침례파였지만, 주로 엄격한 침례교 안에서 지속적인 영향력을 발휘했다. 웰스는 런던의 군중을 계속해서 끌어 들였던 교리적 설교와 신학의 측면에서 그를 닮은 점이 많았다. 헌팅턴의 배타적 입장은 19세기의 하이퍼 칼빈주의에 줄곧 많은 영향을 미쳤다. 그래서 『가스펠 스탠더드』를 지지하는 엄격한 침례교 사이에서 그의 이름이 가장 크게 존경을 받았던 것은 결코 우연이 아니었다.[26]

에벤에셀 후퍼의 『헌팅턴 회고록』이 1871년에 출판되자 스펄전은 『검과 흙손』에 다음과 같은 서평을 게재했다.

---

25 Selected Works of Huntington (London: Bennett, 1837), vol. 1, p. 168.
26 헌팅턴에 관한 J. C. 필폿의 견해를 살펴보려면 다음의 자료를 참조하라. The Gospel Standard, pp. 250-60.

"과거는 물론, 현재까지도 열렬한 지지자들과 사나운 비방자들을 거느리고 있는 한 사람의 이야기를 잡담하듯 수다스럽게 엮은 책. 갖가지 일화와 편지들과 말들을 모아놓은 내용은 완전히 새로운 것이며 일부 사람들에게는 크나큰 흥미를 불러일으키기에 충분한 듯 보인다. 편찬자는 헌팅턴의 가장 친한 친구이자 통신원이었던 세 사람의 후손이기 때문에 유명한 석탄 하역부의 남다른 역사의 잡다한 이야기를 손쉽게 모을 수 있었다. 우리는 그 편찬자를 알고 있고, 또 매우 존경한다...이 공정한 편집물을 살펴보기 전에도 그랬지만 지금도 우리는 헌팅턴을 그렇게 좋게 생각하지는 않는다. 만일 접시를 깨뜨린 이야기들이 정확한 사실이라면 그는 집에서도 매우 슬픈 본보기였을 것이 틀림없다."

모든 사람이 에벤에셀 후퍼가 전한 헌팅턴의 이야기를 공정하다고 생각했던 스펄전의 견해를 공유했던 것은 결코 아니었다. 후퍼가 같은 주제를 다룬 두 번째 책(『윌리엄 헌팅턴에 관한 사실들과 편지와 문서들』)을 펴냈을 때, 스펄전은 이렇게 말했다.

"후퍼는 이 책에서도 사실을 적당히 얼버무리거나 어떤 일을 악의적으로 조작하지 않고서 정직한 편집을 계속 이어갔다. 그는 같은 주제를 다룬 이전의 책에 대해 격렬한 비판을 받은 것처럼 보이지만, 우리는 그럴만한 근거를 어디에서도 발견할 수 없다. 후퍼보다 그 유명한 석탄 하역부에 관해 더 많은 것을 알고 있는 사람은 찾아보기 어렵고, 그만큼 공정하게 처신한 사람은 더더욱 찾아보기 어렵다. 그러나 어떤 사람들은 우상에게 엎드려 절하는 것과 자신의 약점과 실수를 미덕과 통찰력으로 받아들이는 것 외에는 아무것도 적합하게 여기지 않을 것이다."[27]

스펄전은 나중에『검과 흙손』에서 헌팅턴에 관해 논하면서 팩스턴 후드가 그를 평가한 내용으로부터 그를 옹호했다.

"우리는 헌팅턴이 설교와 글과 행위로 전한 모든 것을 칭찬할 생각은 없다. 그렇다고 해서 그를 '영적인 상스러움을 보여주는 뛰어난 사례'로 간단하게 치부해서는 안 된다고 생각한다...우리는 헌팅턴의 삶은 '낭만과 상스러움의 기묘한 조합'이라는 저자의 말을 받아들인다. 그러나 정직하게 말하면 '낭만과 상스러움'으로 일컫는 것의 저변에 하나님을 믿는 강하고, 참된 신앙이 존재했다는 것을 인정하지 않을 수 없다. 그 뛰어난 석탄 하역부에게는 뛰어난 천재성, 성경에 관한 놀라운 지식, 깊은 경험, 강한 믿음이 존재했다. 이것이 그가 거만하고, 냉

---

27   ST, 1872, p. 383.

혹할 뿐 아니라 율법 폐기론적인 입장을 취했는데도 불구하고 여전히 많은 사람들의 마음속에 살아 있는 이유다."[28]

이런 말들은 스펄전 특유의 공정한 태도를 잘 보여준다. 그는 웨슬리와 헌팅턴이 양극단에 서서 둘 다 "큰 유익"을 끼쳤다고 생각했지만,[29] 하이퍼 칼빈주의가 복음적인 기독교에 심각한 위험을 초래했다는 생각은 변함이 없었다. 그는 1887년에 발행된 『검과 흙손』의 한 기사를 통해 헌팅턴과 같은 시대에 잉글랜드 남동부에서 활동했던 침례교 목회자 존 스탠저의 생애를 다루면서 그런 신념을 피력했다.

"스탠저의 생애 말년에 그를 슬프게 했던 한 가지 일이 있었다. 그것은 하이퍼 칼빈주의의 영향이었다. 윌리엄 헌팅턴과 그를 모방한 사람들의 설교를 통해 켄트와 서식스 지역에 상당한 해악이 초래되었다. 이 과장된 칼빈주의는 그가 시도했던 많은 일을 방해했고, 일부 사람들이 그리스도를 믿는 단순한 믿음을 저버리는 계기가 되었다."[30]

---

28 ST, 1886, p. 581. 이것은 스펄전이 같은 해에 출간된 『검과 흙손』 546쪽에서 팩스턴의 책 『설교자의 소명(The Vocation of the Preacher)』을 논평하고 나서 말한 내용이다.

29 Pike, vol. 2, p. 304.

30 ST, 1887, p. 237.

헌팅턴의 영향으로 인한 해로운 결과는 잉글랜드 남부 지역을 넘어서 상당히 멀리까지 확대되었다. 스펄전과 자주 서신을 주고받았던 스코틀랜드 복음 전도자 던컨 매디슨의 전기에는 매디슨의 신앙생활 초기에 있었던 일화가 하나 소개되어 있다.

"이 시기에 그는 진리에 대한 지칠 줄 모르는 갈망으로 끊임없이 책들을 읽었다...그는 책들을 읽어가다가 헌팅턴의 책들을 접하게 되었다. 그는 한동안 하이퍼 칼빈주의라는 음산한 황야로 끌려 들어갔다. 일부 가엾은 영혼들은 그곳을 헤매고 다닐 운명이었던 것처럼 보였다...그는 잠시 그런 형태의 운명주의에 단단히 속박되었고, 선택받지 않은 사람을 권유해서는 안 되기 때문에 누구에게도 하나님의 사랑을 전할 수가 없었다. 그는 그러고 나서 결국에는 자신의 실수를 깨닫고, 복음의 보편적인 부름의 문을 닫는 것은 선택받은 자들에게까지 구원의 문을 닫는 것이라는 사실을 알게 되었다. 그 이유는 모든 죄인을 향한 일반적인 초청만이 믿음의 유일한 근거가 될 수 있기 때문이다."[31]

---

31 John MacPherson, Life and Labours of Duncan Matheson, the Scottish Evangelist (London, 1871), p. 47. 다음의 자료도 함께 참조하라. ST 1871, p. 286.

스펄전은 헌팅턴을 공정하게 다루려고 시도했지만, '석탄 하역부'였던 그를 좋아하는 사람들은 대부분 그를 가장 강하게 비난했던 비판자들이었다. 그는 헌팅턴의 동시대인들 가운데 칼빈주의를 따랐던 복음주의자들과 한치도 다르지 않은 대우를 받았다.[32]

---

32 하이퍼 칼빈주의를 비판했던 헌팅턴의 동시대인들 가운데는 복음적인 지도자였던 롤랜드 힐과 윌리엄 제이가 있었다. 제이가 1833년에 런던의 "서리 교회"에서 거행된 롤랜드 힐의 장례식 예배에서 설교하자, 웰스는 자기 교회 강단에서 그 예배를 "작은 언덕 위에서 지저귀는 큰 어치"에 빗대어 말했다(힐이 '언덕'을, 제이가 '어치'를 의미하는 것에 착안해 두 사람의 이름을 이용해 풍자한 것이다/역자주). Williams, Personal Reminiscences, p. 60.

9.
믿음의 근거(존 브라운)[33]

반론: 복음이 죄인들에게 그리스도를 받아들여 붙잡으라고
요구하는 것은 사실이지만, 그리스도께서는 자격을
갖춘 죄인들에게 주어지셨고, 오직 그런 자격이 있는
죄인들만 이 제안을 받아들이도록 부름을 받지 않았
는가?

답변: 우리는 예비적 사역을 통해 자격을 갖춘 죄인들만 부

---

33 다음의 책에서 발췌했다. A Mirror: or, Looking-Glass for Saint and Sinner
(Glasgow, 1793), pp. 158-9. 존 브라운(1610-79)은 위의 내용이 포함된 단락에서
죄를 자각하는 데 성령의 사역이 필요하다는 점을 다루었다. 그러나 그는 모든 청
교도와 마찬가지로 이것을 회심하지 않은 자들에게 제시해야 할 믿음의 근거와 혼
동하지 않았다. 스코틀랜드 청교도는 모두 믿음의 근거에 대해 브라운과 똑같은 입
장을 취했다. 루더포드는 "하나님이 유기된 자들에게 '그리스도를 믿으면 구원을 받
을 것이다.'라고 말씀하셨다."라고 말했다. 그는 이 진리를 "복음의 깊고, 특별한 신
비"로 일컬었다. Letters of Samuel Rutherford, ed. Andrew A. Bonar (1891, repr.
Banner of Truth, 1984), p. 468.

름을 받는다고 말할 수 없다. 그 이유는 준비가 되었든 아니든, 복음 아래 있는 모든 사람이 복음을 듣기 때문이다. 또한, 그리스도께서는 죄의 상태에 머물며 살아가는 죄인들에게 주어지셨다. 그들을 그런 상태에서 구원하는 것이 그분의 임무다. 영적으로 가장 깊이 잠든 죄인, 가장 교만한 바리새인, 자기의 의로움을 가장 크게 내세우는 율법주의자도 그리스도를 받아들여야 할 의무가 있지만, 그런 상태에 머물러 있는 사람들은 그리스도와 그분의 의를 받아들이려고 하지 않을 것이 분명하다. 먼저 그리스도를 붙잡아 그분의 의를 덧입으려는 기꺼운 마음이 생겨나기 전에는 그들이 지금 딛고 서 있는 이기적인 거짓 근거에서 벗어나거나 자기 의를 붙들고 있는 손을 놓을 수 없다.

반론: 영혼이 그리스도께 빨리 나아올 수 있다면, 그런 준비나 예비 상태를 언급할 이유가 무엇인가?

답변: 이것이 시간을 의미한다면, 영혼이 그리스도께 아무리 빨리 나오더라도 조금도 과하지 않다. 그러나 그리스도의 위로를 무작정 아무 때나 다 받을 수 있다

고 생각한다면 스스로 속는 것이다. 우리는 기꺼이 그리스도께 나오려는 사람은 아무도 제재해서는 안 된다. 다만 주님의 일반적인 구원의 방식이 무엇인지를 보여주고, 복음이 제시하는 조건에 따라 그리스도를 받아들이기 전에 무엇을 해야 하는지를 알려주어야 한다.

반론: 그리스도께서 그분께 나와 그분을 영접할 마음이 있는 모든 사람에게 값없이 주어지셨다면, 율법의 예비적인 사역을 언급할 필요가 무엇인가?

답변: 그리스도께서는 값없이 주어지셨기 때문에 값없이 받아들여야 한다. 우리가 말하는 그런 예비적 사역은 복음에 나타난 은혜의 자유로움을 전혀 거스르지 않는다. 그 이유는 그런 예비적 사역을 공로로 간주하지 않기 때문이다. 주님이 성인들에게 일반적으로 적용하시는 방식은 복음을 제시하는 자유를 조금도 훼손하지 않는다. 우리는 기꺼이 주님께 나오려는 자는 누구나 환영한다. 그들이 복음의 제시를 거부하지 않고, 받아들일 마음만 있다면, 우리는 더 이상 아무런 준비 과정도 요구하지 않을 것이다. 그리스도께 나오는 모

든 사람에게 꼭 필요한 것은 기꺼운 마음뿐이다.

반론: 그런 예비적인 사역을 스스로 행하기 전에 겸손함과 확신만 있다면 그것이 곧 믿음의 근거가 될 수 있는가?

답변: 정확하게 말하면, 절실함을 의식하는 것만으로는 믿음의 근거가 될 수 없다. 그러나 그런 의식은 영혼을 압박하는 강력한 동기로 작용해 도움과 구원을 갈구하게 만들고, 그렇게 되면 그리스도의 부름과 명령을 통해 믿음의 근거가 주어진다. 스스로의 절실함을 어느 정도라도 의식해야만 그리스도의 부름을 받아들이고, 그분의 명령을 따르고, 그 부름을 근거로 그분께 나아올 수 있다. 그렇지 않으면, 멸망할 수밖에 없다.

10.
인간의 자유 의지와
만민의 구원을 원하시는 하나님(T. J. 크로퍼드)[34]

솔직히 말해, 어떤 행동이 실제로 이루어지기 전에 하나님이 그것을 미리 알고 계신다면, 과연 그 행동을 어떻게 자유롭게 행한 것이라고 말할 수 있는지 우리로서는 이해하기가 어렵다. 그러나 어떤 것이 어떻게 생겨났는지를 이해할 수 없다고 해서 그것이 존재할 수 없다고 단언할 수 있는 충분한 근거가 되는 것은 아니다. 하나님의 사역이나 방식은 물론, 우리의 생각이 작용하는 방식이나 우리의 신체의 작동 과정 가운데도

---

34   T. J. 크로퍼드(1812–1875)는 에든버러대학교의 신학 교수였다. 다음의 자료는 1874년에 실시된 그의 "베어드 강연(스코틀랜드 기업가 제임스 베어드가 설립한 재단의 기금을 통해 이루어졌던 강연/역자주)"에서 비롯되었다. The Mysteries of Christianity, pp. 120–4, 351–2, 356–7.

완전한 설명이 불가능하거나, 우리가 확신하는 다른 현실적인 것들과 조화시키기는 어렵지만 실제로 일어나고 있는 것들이 상당히 많다. 한편으로는 하나님이 인간의 행동을 미리 알고 계시고, 다른 한편으로는 인간이 그런 행동을 할 자유 의지를 지니고 있다는 사실을 놀랍게 생각할 이유는 전혀 없다. 이 둘 사이에 겉으로 드러난 모순은 직접적인 것이 아닌 추론적인 것이다. 우리는 그것들을 충분히 이해하지 못하기 때문에 그것들의 상호 모순에 관한 우리의 추론이 타당하다고 완벽하게 확신할 수 없다. 우리가 말할 수 있는 것은 단지 그것들이 서로를 거스르는 경향이 있어 보인다는 것뿐이다. 그러나 우리가 그것들에 대해 더 많이 알고 있다면, 그것들이 서로를 거스르더라도 똑같은 경로를 따라 움직이지 않기 때문에 실제로 서로 충돌을 일으키는 경우는 절대로 있을 수 없다는 것을 알 수 있을 것이다.

더욱이, 모순이 존재하는 것처럼 보이는 이 둘이 모두 사실이라는 온전하고도 만족스러운 증거가 존재한다. 이 둘 사이에서 발견되는 모순은 명백할 뿐 아니라 명백해야만 하는데 사실은 그렇지 않다. 따라서 이 둘은 실제로는 조금도 모순일 수가 없는 셈이다.

우리의 의식을 통해 아는 것처럼 우리는 자유 의지를 지닌다. 어떤 진실에 대해서든 우리의 의식은 우리가 지닌 가장 큰 증거다. 우리는 우리의 실존과 마찬가지로 우리의 자유 의지에 대해서도 똑같은 증거를 지니고 있다. 형이상학적인 논증을 통해 제정신을 가진 사람에게서 이런 확신을 없애려고 시도해봤자 아무런 소용이 없다. 특히 하나님의 말씀이 이를 전적으로 뒷받침한다. 성경의 계명과 경고와 권고의 말씀이 모두 우리가 자유롭고, 자발적인 의지를 통해 책임 있게 행동하는 피조물이라고 증언한다. 이것은 우리가 너무나도 잘 알고, 또 느끼고 있는 사실이다.

한편, 인간의 행위에 대한 하나님의 예지에 관해서도 결정적인 증거들이 차고 넘친다. 굳이 건전한 유신론자들이 그것을 믿게 된 합리적인 근거나, 그것을 명확하고 광범위하게 확증하는 성경의 일반적인 진술을 언급하지 않더라도 도덕적이고 책임감 있는 행위자의 행위와 관련된 방대한 예언들을 통해서도 하나님의 예지가 실제로 드러난 증거들이 헤아릴 수 없이 많다. 예를 들면, 주님의 원수들이 행한 행위와 관련된 예언들이다. 그들은 그분을 십자가에 못 박았다. 그들은 책임 있는 행위자로서 사악한 손으로 영광의 주님을 살해하는 끔찍한 범죄를 저질렀지만, 성경은 "하나님의 권능과 뜻대로 이루려고 예정하신 그것을 행하려고"(행 4:28)라고 분명하게 말씀했다.

여기에서 우리는 두 가지 진리를 발견할 수 있다. 하나는 인간이 자유로운 행위자라는 것이고, 다른 하나는 전지하신 하나님이 인간의 행위를 미리 알고 계신다는 것이다. 이 둘은 각각 그 본질에 적합한 증거에 의해 뒷받침되기 때문에 확고하고, 온전한 확신을 심어주기에 충분하다. 게다가 이런 증거들이 뒷받침하는 진리들 사이에 어떤 모순이 있는 것처럼 보이더라도 그것들의 증거들 사이에는 아무런 모순도 존재하지 않는다. 우리의 자유 의지를 뒷받침하는 증거들이 하나님의 예지를 뒷받침하는 증거들을 무력하게 하거나 훼손하지 않는다. 물론, 후자도 전자를 조금도 무력하게 하거나 훼손하지 않기는 마찬가지다. 만일 이 두 진리를 각각 따로 떼어 그 증거를 정직하게 살펴본다면 그것을 믿지 않을 도리가 없다. 따라서 이 둘을 그 자체의 고유하고, 충분한 근거를 통해 사실로 믿는다면, 비록 그 눌의 관계나 조화를 인지할 수 없더라도 둘 다 믿을 수밖에 없다. 이 둘을 모두 사실로 믿는다면, 그것들에 관해 우리가 믿어야 할 것이 하나 더 있다. 그것은 바로 그것들이 서로 일관되거나 양립할 수 있다는 것이다. 따라서 그렇지 않게 보이는 것은 모두 거짓일 수밖에 없다. 사실인 것이 반드시 사실인 다른 모든 것과 조화를 이루어야 한다는 것은 논의할 필요조차 없는 자명한 이치다. 우리는 그것들의 조화로움을 알 수 없을지 몰라도, 하나님은 그것을 너무나도 잘 알고 계신다고 확신할 수 있다. 만일 우리가 하나님처럼 모든 진리의 상호 의존 관계를 온전히 알 수 있는 지식을 소유했다면, 우리도 그것을 알 수 있을 것이 틀림없다.

복음 초청을 받아들인 사람은 누구나 제시된 축복을 받게 된다는 것은 논쟁의 여지가 없는 사실이다. 복음 초청은 복음을 제시받은 모든 죄인이 그것을 받아들이는 것이 하나님의 바람이라는 것을 보여준다. 그러나 만일 일부 죄인들에게만 그것을 받아들일 수 있는 은혜를 베푸는 것이 하나님의 뜻이라면 어떻게 그것이 진지한 바람이라고 할 수 있겠는가?

이 질문에 온전히 만족할 만한 대답을 제시하기는 어렵지만, 하나님의 바람이 모든 사람이 아닌 일부 사람에게만 이루어지는 것이 그분의 뜻이라고 해서 그분이 모든 피조물의 행위와 관련해 진심으로 바라는 것이 아무것도 없으시다고 말하기는 곤란할 듯하다. 하나님의 계명들을 생각하면 이 문제를 좀 더 잘 이해할 수 있다. 하나님의 계명들도 복음 초청과 마찬가지로 모든 사람에게 주어진다. 둘 다 똑같이 하나님이 모든 사람에게 바라고, 요구하시는 행위와 관련이 있다. 하나님의 계명들과 관련해서도 그분의 초청과 관련해서 발견되는 것만큼이나 의미 있는 증거들이 차고 넘치기는 마찬가지다. 하나님은 계명들이 규정하는 것을 그것들을 듣는 모든 사람이 받아들이기를 진정으로 원하는 강렬한 바람을 지니고 계신다. "그들이 항상 이같은 마음을 품어 나를 경외하며 내 모든 명령을 지켜서 그들과 그 자손이 영원히 복 받기를 원하노라"(신 5:29). "내 백성아 내 말을 들으라 이스라엘아 내 도를 따르라"(시 81:13). "네가 나의 명령에 주의하였더라면 네 평강이 강과 같았겠고 네 공의가 바다 물결 같았을 것이며"(사 48:18).

그러나 하나님의 계명들은 그분이 자신의 도덕적인 성품에서 비롯된 거룩함과 선함에 부합하는 것을 바라고, 인정하고, 기뻐하신다는 것을 나타낼 뿐, 그분이 세상을 통치하면서 반드시 실행하기로 뜻하거나 결성하신 것을 선포하는 의미를 지니지는 않는다. 만일 그렇다면, 하나님의 모든 피조물이 보편적으로 반드시 그것들을 지켜 복종해야만 한다. 하나님이 그것들을 확실하게 지키게끔 간섭하지 않으시면, 그것들을 어기고 거역할 때가 많다. 전능하신 하나님의 통치 아래 그분이 극도로 혐오하고 노여워하시는 일들이 일어나곤 한다는 사실은 참으로 불가해한 신비가 아닐 수 없다. 그것은 지금까지 아무도 설명하지 못한 도덕적 악의 존재라는 오래된 신비다.

마지막으로, 우리로서는 모든 죄인에게 주어지는 부름과 초청을 선택적 은혜를 베푸시는 하나님의 뜻과 조화시키가 어렵다. 하지만, 우리의 유한한 생각으로는 그저 신비로울 수밖에 없는 그분의 측량할 수 없는 다른 모든 사역처럼 그것들은 아무런 무리 없이 서로 조화를 이룬다고 확신할 수 있다. 우리는 비록 그것들이 어떤 원리에서 서로 조화를 이루는지는 알 수 없지만, 그것들에 관한 성경의 명백한 근거 때문에 그 둘을 다 믿을 수밖에 없다. 하나님의 은밀한 뜻과 같이 측량할 수 없는 문제들을 우리가 판단하기는 극도로 어렵다. 우리는 성경이 명백하게 확증하는 것은 무엇이든 겸손하고 유순한 태도로 받아들여야 한다. 만일 성경이 확증하는 사실들로부터 우리가 원하는 추론을 끌어낸다면, 우리의 이해력을 넘어서는 다른 명백한 진술들에 대한 믿음조차도 약화될 수밖에 없다. 그것은 우리의 고유한 영역을 넘어서는 일이다. 성경의 권위에 근거해 오직 선택받은 사람들만 기꺼운 마음으로 위대한 구원을 받아들이는 것이 하나님의 뜻이라는 사실을 확신할 수 있다. 그러나 아무리 그렇다 하더라도 하나님이 자기의 사랑하는 아들의 고난과 중보 사역을 통해 타락한 세상에 자기의 사랑을 나타내셨다는 복음의 밝은 진리를 흐릿하게 함으로써 복음의 부름과 제시를 통해 나타난 하나님의 바람, 곧 모든 죄인이 구원자 앞에 나와 생명을 얻기를 바라시는 그분의 진지한 마음에 의심의 그림자를 드리워서는 안 된다.

11.
핵심적인 성경 본문:
디모데전서 2장 3, 4절에 대한 스펄전의 설교[35]

"하나님은 모든 사람이 구원을 받으며 진리를 아는 데에 이르기를 원
하시느니라."

성령 하나님이 이 저녁에 우리의 묵상을 통해 죄인들은 구
원받고, 성도들은 더욱 분발할 수 있는 최선의 결과를 허락해
주시기를 기도한다.

본문을 논쟁적으로 다룰 생각은 전혀 없다. 본문은 건축물

---

35 이 설교에는 하이퍼 칼빈주의 논쟁의 핵심 논제 가운데 하나에 관한 스펄전의 생각
이 잘 요약되어 있다. 위의 글은 다음의 자료에 게재된 설교의 서두에서 발췌한 것
이다. MTP, vol. 26, pp. 49-52.

의 모퉁이를 만드는 돌과 같다. 나는 우리 앞에 있는 본문을 중심으로 복음의 다른 쪽 측면을 살펴볼 생각이다. 진리라는 건축물의 두 측면이 여기에서 서로 만난다. 대다수 마을에는 할 일 없고, 다투기 좋아하는 사람들이 함께 모이는 모퉁이가 있기 마련이다. 신학에도 그런 모퉁이가 존재한다. 우리가 이 시간에 전투 대형을 갖춰 이 본문을 근거로 제기될 수 있는 논제들에 관해 우리와 의견이 다른 사람들을 사납게 공격하기는 그리 어렵지 않다. 그러나 그렇게 해서는 좋은 결과가 나타날 수 없다. 인생은 짧고, 한가롭게 허비할 시간이 없기 때문에 우리의 덕을 세우는 것에 시간을 할애하는 것이 훨씬 더 낫다. 선하신 성령께서 우리에게서 다투기를 좋아하는 마음을 없애 주시고, 그분의 말씀으로 유익을 얻도록 도와주시기를 바라는 마음이 간절하다.

하나님이 모든 사람이 구원을 받기를 원하신다는 말씀은 그분이 작정의 효력이나 신적 의지로 그렇게 되기를 바라신다는 의미와는 거리가 멀다. 만일 그렇다면, 모든 사람이 구원을 받아야 마땅하다. 그분이 세상을 창조하기를 원하시자 세상이 창조되었다. 그분은 그런 식으로 모든 사람이 구원받기를 원하지는 않으신다. 우리가 아는 대로, 모든 사람이 구원받는 것은 결코 아니기 때문이다. 참으로 안타까운 진실이지만, 성경을 보면 구원자를 거부하고, 죄 가운데 머무는 결과로 영원한 형벌의 장소에 내던져져 그곳에서 슬피 울며 이를 가는 사람들이 있다는 것을 확실하게 알 수 있다. 마지막 날에 염소들은 왼쪽에, 양들은 오른쪽에 서게 될 것이고, 가라지는 불에 타고 곡식은 거두어질 것이며, 겨는 날아가고 알곡은 남게 될 것이다. 영광스러운 천국도 있고, 공포스러운 지옥도 있다.

그러면 어떻게 해야 할까? 본문이 증언하는 것과 다른 의미를 억지로 부여하려고 애써야 할까? 나는 그렇게 해서는 안 된다고 생각한다. 우리 가운데 대다수는 칼빈주의를 따르는 일부 형제들이 이 본문을 어떤 식으로 다루는지를 잘 알고 있다. 그들은 마치 성령께서 일부 사람을 염두에 두고 있는데도 '일부 사람'이라고 말씀하실 수 없기라고 한 것처럼 "'모든 사람'은 '일부 사람'을 의미한다."라고 말한다. 그들은 마치 하나님이 '모든 종류의 사람들'을 염두에 두고서도 그렇게 말씀하실 수 없기라도 한 것처럼, "'모든 사람'은 '온갖 종류의 모든 사람 가운데 일부'를 가리킨다."라고 말한다. 성령께서는 사도를 통해 "모든 사람"이라고 기록하게 하셨다. 그분이 "모든 사람"을 염두에 두셨다는 것은 의심의 여지가 없는 사실이다. 나는 얼마 전에 크게 유행했던 비평적인 방법에 따라 '모든'이라는 표현의 힘을 제거하는 법을 잘 알고 있지만, 진리를 마땅히 고려한다면 그 방법을 여기에 어떻게 적용할 수 있는지 확신하기 어렵다. 나는 최근에 이 난점을 적당히 처리해 없애기 위해 본문을 임의로 해석한 한 유능한 박사의 글을 읽었다. 그는 본문에 문법적인 화약을 뿌리고 나서 해설이라는 수단을 통해 폭발시켜 날려버렸다. 나는 그의 해설을 읽으면서 만일 본문을 "모든 사람이 구원을 받으며 진리를 아는 데 이르기를 원하지 아니하시느니라"라고 읽는다면, 그것은 본문에 대해 중대한 죄를 짓는 것이라는 생각이 들었다. 만일 그것이 성령의 영감으로 기록된 말씀이라면, 그 학식 높은 박사의 말은 모두 본문과 정확히 일치했을 테지만, 본문은 "모든 사람이 구원을 받기를…원하시느니라"라고 분명하게 말씀하기 때문에 그의 해설은 상당히 부적절하다고 할 수 있다. 나도 나의 교리적 견해를 일관되게 유지하는 것을 좋아하지만, 그렇다고 해서 성경 말씀을 단 한 구절이라도 임의로 고쳐 꿰어맞출 생각은 조금도 없다. 나는 정통주의를 크게 존중하지만, 성령의 영감으로 기록된 성경을 공경하는 마음이 그보다 훨씬 더 크다. 하나님의 말씀과 모순되는 것보다는 차라리 나 자신과 모순되는 것이 백 배나 더 낫다. 나 자신과 일관되지 못한 것처럼 보이는 것은 그렇게 큰 죄가 아니라고 생각한다. 신도 아닌 인간인 내가 어떻게 영원히 일관될 수 있겠는가? 그러나 하나님의 말씀과 모순되는 짓을 저질러 성경이라는 숲에 있는 단 한 그루 나무의 큰 가지는 물론, 잔가지만 쳐내더라도 그것은 크나큰 범죄가 아닐 수 없다. 하나님은 내가 신적인 표현을 조금이라고 변경하거나 고치는 것을 결코 원하지 않으신다. 따라서 우리는 성경 본문이 말씀하는 대로 "하나님은 모든 사람이 구원을 받으며 진리를 아는 데에 이르기를 원하시느니라"라고 읽어야 한다.

그렇다면, 본문은 모든 사람이 구원받는 것이 하나님의 바람이라는 의미일까? '원한다'라는 단어는 그것의 의미 그대로를 원문에 부여한다. 따라서 본문은 "모든 사람이 구원을 받아 진리를 아는 데에 이르는 것이 하나님의 바람이다."라는 뜻이다. 그렇게 되는 것이 나의 바람이고, 여러분의 바람인 것처럼, 모든 사람이 구원받는 것이 하나님의 바람이다. 우리의 바람이 그러한데 우리보다 무한히 더 너그러운 하나님은 더욱더 그러실 수밖에 없다. 여기에서 "그렇게 되는 것이 하나님의 바람이라면, 그분은 왜 그렇게 만드시지 않는 것인가?"라는 의문이 생겨날 수 있다. 사랑하는 친구들이여, 어리석은 사람도 때로는 지혜로운 자가 대답할 수 없는 질문을 던질 수 있는데, 하물며 여러분처럼 지혜로운 사람이 내게 많은 질문을 던진다면, 내가 아무리 어리석다고 하더라도 그 질문에 일일이 대답하려고 애쓸 만큼 어리석게 행동하지는 않을 것이다. 각설하고, 위의 질문은 대대로 큰 논쟁을 불러일으켜온 의문의 한 형태일 뿐이다. 다시 말해, 이는 "하나님이 무한히 선하고, 전능하시다면 왜 그 능력을 사용해 온전한 은혜를 베푸시지 않는 것인가?"라는 질문과 일맥상통한다. 압제당하는 사람이 모두 자유롭게 되는 것이 하나님의 바람이지만, 자유를 얻지 못한 상태로 압제당하는 사람들이 여전히 많다. 병든 사람들이 고통을 당하지 않는 것이 그분의 바람이지만, 그분은 우리가 그토록 원하는데도 기적을 베풀어 모든 병자를 치유하지 않으신다. 피조물이 행복하게 지내는 것이 하나님의 바람이다. 이것은 부인할 수 없는 사실이지만, 그분은 기적을 베풀어 모든 사람을 행복하게 해주지 않으신다. 그러나 그분이 자기가 창조한 모든 피조물의 행복을 바라지 않으신다고 생각하는 것은 신성모독이다. 그분은 무한히 선하시지만, 자신의 무한한 능력으로 모든 일에 관여하지는 않으신다. 어떤 사람이 내게 그 이유가 무엇이냐고 묻는다면, 나는 아무 대답도 할 수 없다. 나는 모든 난제의 해설자가 아니고, 또 그런 사람이 되기를 바라지도 않는다. 이 질문은 한 흑인의 질문만큼이나 오래되었다. 그는 "주인님, 마귀가 세상에 죄를 만들었다고 말씀하셨죠?"라고 말했다. 주인은 "그렇다. 마귀가 세상에 죄를 만들었다."라고 대답했다. 흑인은 "그렇다면, 하나님은 왜 마귀를 죽여 죄를 말끔히 없애지 않으시나요?"라고 다시 물었다. 그러자 주인은 "왜 하나님이 그렇게 하지 않으시느냐고? 나의 흑인 친구여, 그 질문에 대한 대답을 알려면 자네가 백인으로 변하는 기적이 일어나야 할 걸세. 나는 자네에게 하나님이 도덕적 악을 허용하시는 이유를 말해줄 수 없네. 세상에서 가장 유능한 철학자나 하늘의 가장 지고한 천사도 대답하지 못할 걸세."라고 말했다.

이것은 우리가 알 필요가 없는 것들 가운데 하나다. 몸이 아파 알약을 복용하라는 지시를 받았는데 그것을 씹어 먹는 어리석은 사람이 어디에 있겠는가? 내가 한 번 직접 해봤지만, 그것은 매우 역겨운 일이 아닐 수 없다. 그런 종류의 약을 복용하는 올바른 방법은 단번에 꿀꺽 삼키는 것이다. 그와 마찬가지로, 하나님의 말씀에도 끊임없이 의문을 제기하며 잘근잘근 씹어서는 안 되고, 믿음의 노력을 발휘해 단번에 꿀꺽 삼켜야 하는 진리들이 있다. 알 수 없는 것을 알려고 애쓰고, 장엄하고, 신비로운 것들에 대한 이유와 설명을 찾으려고 힘쓰면 영혼에 의심과 괴로움과 고통만이 엄습할 것이 틀림없다. 어려운 교리들은 하나님을 전적으로 신뢰하는 태도로 영혼 안으로 온전히 받아들여야 한다.

나는 하나님이 내가 이해할 수 없는 것을 셀 수도 없이 많이 허락하신 것을 감사히 여긴다. 나는 이유를 알 수 없을 때는 나 자신을 향해 "그 이유를 알려고 하는 이유가 무엇이냐? 내가 누구이고, 무엇이기에 감히 하나님께 설명을 요구하는 것인가?"라고 말한다. 내가 가장 불합리할 때는 바로 내가 가장 합리적인 척할 때다. 나의 판단이 가장 정확하다고 생각하는 그때가 바로 그것을 가장 불신해야 할 때다. 하나님을 온전히 신뢰하는 편이 차라리 낫다. 나는 가장 뛰어난 순간에도 어리석고, 비천한 어린아이에 지나지 않는다. 나의 성부께서는 나보다 모든 것을 훨씬 더 잘 알고 계신다. 어떤 사람이 서재에 틀어박혀 어려운 문제를 해결하려고 애썼다. 그의 어린 아들이 와서 서재 문을 두드렸다. 그는 "얘야, 저리 가거라. 너는 아버지가 하는 일을 이해할 수 없단다. 방해하지 말거라."라고 말했다. 그렇게 말하자 어린 아들은 오히려 서재에 들어가서 아버지가 무엇을 하고 있는지를 보고 싶은 충동을 느꼈다. 그런 태도는 바로 우리의 교만한 지성을 나타낸다. 우리는 금지된 것들을 엿보고, 감추어진 것을 드러내려고 한다. 잠시 후, 어린 아들은 창문 밖 창턱 위에 올라서서 창문을 통해 아버지를 바라보았다. 만일 아버지가 부드러운 태도로 그를 그 위험한 장소에서 안전하게 내려주지 않았다면, 호기심을 위험한 단계까지 끌어올리려다가 세상을 하직하고 말았을 것이 분명하다. 하나님은 때로 문을 닫고, "애야, 그게 그렇단다. 그냥 믿는 것으로 만족하거라."라고 말씀하신다. 그러나 우리는 어리석게도 "하지만 하나님, 왜 그런 것이죠?"라고 묻는다. 하나님은 다시 "그게 그렇단다. 애야."라고 말씀하신다. 우리는 그런데도 또다시 "아버지여, 왜 그런가요?"라고 묻고, 하나님은 다시 "그게 그렇단다, 애야. 나를 믿어라."라고 말씀하신다. 우리는 그런 식으로 추론의 사다리를 오르면서 영원한 진리라는 높은 창문에 도달하기 위해 추론하고, 사변하기를 멈추지 않는다. 일단 그곳에 오르면 우리는 우리가 어디에 서 있는지 알지 못한다. 우리의 머리는 빙빙 돌고, 온갖 종류의 불확실성과 영적 위험에 노출된다. 우리의 한계를 벗어난 것들을 생각하면 큰 위험이 초래될 수 있다. 나는 그런 거창한 것들에 관여할 생각이 조금도 없다. 본문이 바로 그런 것에 해당한다. 나는 "모든 사람이 구원을 받으며 진리를 아는 데에 이르는 것"이 하나님의 바람이라고 믿는다. 그러나 나는 또한 그 분이 모든 사람을 구원하지 않고, 그 가운데 일부, 곧 자신의 사랑하는 아들을 믿는 자들만을 구원하실 것이라는 사실도 알고 있다. 하나님은 죄를 버리고, 온전한 마음으로 자기에게로 돌이키지 않는 사람은 그 누구도 구원하지 않으실 것이다. 하나님에게는 그분이 구원하실 백성이 있다. 그분은 영원한 사랑으로 그들을 선택하셨고, 영원한 능력으로 그들을 구원하신다. 이 두 가지 진리가 어떻게 서로 조화를 이루는지는 알 수 없다. 그것은 내가 모르는 것들 가운데 하나다. 내가 알고 있는 모든 것과 내가 알지 못하는 모든 것을 계속해서 말한다면, 내가 모르는 것이 내가 아는 것보다 훨씬 더 많을 것이다. 따라서 이 문제에 관해 더 이상 아무 말도 하지 않고, 본문의 좀 더 실질적인 내용에 초점을 맞추는 것이 바람직하다. 하나님이 인간의 구원에 관해 바라시는 것은 모두가 구원받아 진리를 아는 데에 이르는 것이다.

12.
하이퍼 칼빈주의와
율법폐기론으로 인한 폐해(스펄전)[36]

그리스도의 참된 사역자는 온전한 진리를 전하지 않을 수 없는 강한 의무감을 느낀다. 그 이유는 오직 그것만이 인간의 갈망을 채워줄 수 있기 때문이다. 지금까지 이 세상은 인간이 만든 왜곡되고, 훼손된 복음을 통해 얼마나 큰 해악을 겪었는지 모른다.

하나님의 뜻을 전부가 아닌 일부만을 전한 사람들이 사람들의 영혼에 끼친 해악은 이루 다 말하기가 어렵다. 율법폐기론의 교리에 유린당한 많은 가정들 때문에 마음이 몹시 아프다.

---

36   1859년 12월 11일에 전한 설교에서 발췌한 내용이다. NPSP, vol. 6, pp. 28-9.

나는 죄 가운데 죽은 가정들의 슬픈 이야기를 많이 알고 있다. 그들의 양심은 그들이 들었던 치명적인 설교로 인해 뜨거운 인두에 그을리듯 마비되었다. 영혼을 파괴하는 체계, 곧 인간에게서 인간성을 빼앗아 짐승이나 다름없는 무책임한 존재로 만든 체계로 인해 신념이 억눌리고, 간절한 바람이 소멸되는 것을 똑똑히 목격했다. 죄인들에게 죄를 회개하거나 그리스도를 믿는 것이 그들의 의무가 아니라고 가르치는 사역자들보다 영혼을 파괴하는 데 더 효율적인 사탄의 도구는 없다. 그들은 하나님이 그렇게 하기로 선택하셨다는 것 외에는 그 어떤 이유도 제시하지 않은 채, 그분이 어떤 사람들을 무한히 무작정 미워하신다고 가르치면서도 스스로 복음의 사역자를 자처하는 오만한 태도를 보인다.[37] 오, 나의 형제들이여, 주님이 그런 마법사의 속삭임으로부터 여러분을 보호하고, 오류의 목소리에 항상 귀를 굳게 닫아버릴 수 있게 도와주시기를 간절히 기도한다.

왜곡된 복음은 심지어 기독교 가정에서도 얼마나 큰 해악을 초래하는지 모른다. 막 죄에서 구원받아 처음 신앙생활을

---

37 『질그릇』에 실린 하나님의 주권에 관한 웰스의 글을 가리킨다.

하면서 행복에 겨워 겸손히 하나님과 동행하던 한 젊은 신자가 있었다. 그러나 악이 진리의 망토로 위장한 채 몰래 잠입했다. 손가락이 그의 눈을 가려 오직 한 가지 교리만을 볼 수 있었다. 하나님의 주권만 보이고, 인간의 책임은 보이지 않았다. 그러자 한때 사랑했던 사역자가 미움을 받게 되었고, 정직하게 하나님의 말씀을 전했던 그가 만물의 찌꺼기처럼 여겨졌다. 그 결과는 어떠했을까? 선하고 은혜로운 것이 완전히 뒤집히는 결과가 나타났다. 완고함이 사랑의 자리를 차지했고, 사랑스러운 성품이 존재하던 곳에 냉혹함이 거하게 되었다. 나는 한 가지 특별한 교리에만 집착하는 것이 사람들을 편협하고 냉혹하게 변질시킨 사례를 너무나도 많이 알고 있다. 사람이 일단 그렇게 변하면 마귀가 유혹하기 좋아하는 죄는 무엇이든 저지를 준비가 된 셈이다. 온전한 복음을 전해야 한다. 그렇지 않으면 심지어 그리스도인들의 영혼조차도 손상되고 훼손될 수 있다. 부지런히 그리스도를 섬기며 양팔을 벌려 영혼들을 구원하려고 애쓰는 사람들이 있었다. 그런데 그런 그들이 갑자기 온전한 진리가 아닌 하나의 특별한 교리만을 강조하기 시작하자 이내 무기력한 상태로 전락하고 말았다. 그와는 대조적으로, 어떤 사람들은 진리의 실천적 측면만을 중시하고, 교리적 측면은 도외시함으로써 율법주의로 치우쳐 자기들에게 주어졌던 은혜의 부름을 망각하고, 마치 행위로 구원받을 수 있는 것처럼 말했다. 그들은 갈라디아 신자들과 조금도 다르지 않다. 그들은 자기들이 들은 것에 미혹되었다. 신자는 오직 예수님 안에 있는 온전한 진리를 전하는 설교를 통해서만 그리스도처럼 순수하고, 단순하고, 거룩하고, 자애로운 성품을 유지할 수 있다. 우리가 온전한 복음을 전하지 않으면, 하나님이 우리의 사역을 축복해주시기를 바랄 수 없다. 다른 것은 모두 배제하고, 진리의 일부만을 골라 그것만을 항상 생각하면 주님의 축복을 기대할 수 없다. 그분이 내게 전하신 대로 전해야만, 그분이 그 설교를 인정하실 것이다. 그러나 내가 복음을 더욱 향상시킬 수 있다거나 그것을 일관되게 만들 수 있다거나 그것을 더 좋게 보이게 꾸밀 수 있다고 생각한다면, 주님이 떠나시고, 예배당 벽에 '이가봇'이라는 글귀만 남게 될 것이다. 복음 초청을 무시하는 탓에 속박된 상태로 머무는 사람들이 얼마나 많은지 모른다.

도표로 나타낸 침례교의 역사

친절하게도, 로버트 올리버 박사가 이 분야를 잘 모르는 독자들을 위해 다음과 같은 도표를 제공했다. 그러나 도표는 모든 역사를 압축해 간단하게 나타낸 것이고, 실제의 역사에는 이런 식으로는 전할 수 없는 많은 세부 내용이 존재하기 마련이다. 도표의 굵은 선은 수적으로 우세했던 곳이 어디였는지를 보여준다. 이 선에 해당하는 교회는 처음에는 모두 "특수 침례교(속죄의 범위에 대한 칼빈주의의 입장을 따르는 교회)"에 속했고, 그 가운데 대부분이 "엄격한 침례교(침례를 받은 신자만 성찬에 참여할 수 있다는 입장)"에 해당했다. 그 외의 교회들은 "개방적 교제"를 허용했다. "엄격한 침례교"와 "개방적 침례교"는 18세기 말과 19세기 초까지 서로 교제하다가 율법과 신앙과 교제의 조건을 둘러싸고 오랜 논쟁을 벌였다. 당시에 칼빈주의를 따르며 개방적 교제를 반대했던 교회들은 윌리엄 개스비와 존 스티븐스를 비롯한 여러 사람의 영향을 통해 "엄격한 특수 침례교"라는 이름으로 새로운 진영을 구축하기 시작했고, 나중에는 자기들이 지지했던 특별한 잡지를 중심으로 협력 관계를 세분화했다. 그런 변화는 대부분 특정한 날짜가 아닌 점진적인 과정을 통해 이루어졌고, 또 겹치는 부분이 너무 많았기 때문에 1851년의 종교 실태 조사에서도 "엄격하든" 그렇지 않든, 모든 "특수 침례교"를 같은 진영으로 분류했다. 19세기를 지나면서 "엄격한 침례교"와 "특수 침례교"는 대개 하이퍼 칼빈주의를 지지했고, 특수 침례교에 속한 그 외의 교회들은 차츰 아르미니우스주의로 기울다가 1891년에 통합을 이루었다.

이 점에 대해 좀 더 자세히 알고 싶으면 올리버 박사의 미출간된 박사 학위 논문("The Emergence of a Strict and Particular Baptist Community Among the English Calvinistic Baptist, 1770–1850")을 참조하기 바란다. 이 자료는 대영도서관에 소장되어 있으며, 도서관의 상호대차 서비스를 통한 마이크로피시로도 이용이 가능하다.

〈도표〉

17세기	18세기	19세기		20세기
1611년경 일반 침례교 (분리주의자와 메노파의 근원)		대다수 교회가 일신론을 지지하다		
		1770년 일반 침례교의 새로운 연합		
1633년경 특수 침례교 (엄격한 특수 침례교)	1689년 개혁주의 침례교 신앙고백	1792년 선교 협회	1813년 침례교 연합	
		1829년 노포크와 서포크 연합회 분리		
		1832년 침례교 연합 인정		
		1891년 통합 침례교 연합		
		1833년 가스펠 헤럴드		
		1845년 질그릇		
		1855년 가스펠 스탠더드(J. C. 필폿)		
		1887년 스펄전의 연합회 탈퇴		
존 번연	존 길	앤드류 풀러	제임스 웰스	스펄전

〈좌우 화살표는 언급된 설교자들의 사역 기간을 나타낸다〉

1600	1700	1800	1900